线装国学经典

三十六计

第四册

李楠 编译

第十五计　调虎离山

汉武建侯，安定社稷

西汉自文、景两代起，如何限制和削弱日益膨胀的诸侯王势力，一直是封建皇帝安邦治国中面临的严重问题。文帝时，贾谊鉴于淮南王、济北王的谋逆不轨，曾在《治安策》中认为当时形势是中央弱而王国强，像肿病患者一样，肢体和指头不能屈伸。他说，天子的近属有的并无封地以为藩屏，而天子的疏属有的却拥有足以通天子的势力。他认为，要使天下治安，最好的办法莫过于『众建诸侯而少其力』，具体做法是，令诸侯王各分为若干国，使诸侯王的子孙以次分享封土，地尽为止，封土广大而子孙少者，则虚建国号，待其子孙生后分封。诸侯国小力弱，不具备割据称霸一方的势力，就不易产生邪心，天子也便于驭控。这样天子治理天下，就能够指挥如意，像身之使臂，臂之使指。文帝在一定程度上接受了这一建议，但没有完全解决问题。

景帝即位后，继贾谊之后，晁错屡次上疏建议削夺诸王的封土，他在《削藩策》中说诸王『削之亦反，不削亦反。削之，其反亟，祸小；不削之，其反迟，祸大』。景帝采纳晁错之策，随即削赵王常山郡，削胶西王六县，以次削夺，将及吴国。吴王刘濞见将有大祸临头，于是联合吴楚七国以武装叛乱相对抗。平定七国之乱后，景帝巩固削藩成果，废黜王国官制及其职权，降低诸侯王权力，规定诸侯王不再治民。从此诸侯王强大难制的局面有所缓和，但危机仍然存在。

至汉武帝初年时，诸侯王虽然不像以前那样强大难制，但有的王国仍然连城数十，地方千里，骄奢淫逸，阻众抗帝，威胁着中央集权的巩固。因此，元朔二年（公元前127），出身贫寒，早年学长短纵横之术，后学《易》《春秋》和百家之言的山东临淄人主父偃，被汉武帝破格重用后，上书提出了去其要势、避之以害的妙策建议。汉初，诸侯的爵位是由嫡长子继承的，庶出的子孙没有继嗣的资格。主父偃认为，诸侯子弟无尺地之封，仁孝之道就得不到播扬，因此建议令诸侯推私恩分封子弟为列侯。他的奏疏说：『古代诸侯的封地不超过方圆百里，朝廷强地方弱的这种格局，容易控制。现在的诸侯有的连城数十座，封地方圆千里，朝廷控制较宽时，他们就骄横奢侈，容易做出淫乱的事情，朝廷控制紧时，他们就会凭借自身的强大而联合起来反叛朝廷；如果用法令来分割削弱他们，就会产生叛乱的苗头。以前晁错推行削藩政策而导致吴楚七国叛乱就是这种情况。现在诸侯王的子弟有的多达十几人，而只有嫡长子继承王位，其他人虽然也是诸侯王的亲生骨肉，却不能享有一尺的封地，这就使得仁孝之道不明显了。希望陛下命令诸侯王可以把朝廷的恩惠推广到其他子弟的身上，用本封国的土地封他们做侯，他们人人都为得到了希望得到的东西而欢喜；陛下用的是推行恩德的方法，实际上却分割了诸侯的封国领地，朝廷没有采用削夺的政策，而王国却逐渐衰弱了。』这一建议既迎合了汉武帝巩固专制主义中央集权的需要，又避免激起诸侯王武装反抗的可能，因此立即为汉武帝所采纳。同年春正月，汉武帝制诏御史：『诸侯王或欲推私恩分子弟邑者，令各条上，朕且临定其号名。』是为『推恩令』的全部内容。

推恩令下达之后，诸侯王的支庶多得以受封为列侯。《汉书·王子侯表》所记载的王子侯，大部分是在元朔年间受封的。由于实行推恩令，河间王国先后分为兹、旁光等十一个侯国，淄川王国分为剧、怀昌等十六个侯国，赵王国分为尉文、封斯等十三个侯国。此外，城阳、个川、中山、济北以及代、鲁、长沙、齐等诸侯王国也都分为几个或十几个侯国。按照汉制，侯国隶属于郡，地位与县相当。因此，王国析为侯国，就是王国的缩小和朝廷直辖土地的扩大。这样，汉朝廷不行黜陟，而藩国自析。其后，王国辖地仅有数县。淮南王、衡山王谋反败露后，汉武帝又作左官之律，设附益之法。元鼎五年（公元前112），汉武帝以列侯助祭的『酎金』斤两成色不足为名，一次削夺106名列侯的爵位。这样，诸侯不但辖地缩小，而且仅得衣食租税，不得参与政事。汉初以来，同姓诸侯王对于专制主义中央集权国家的威胁，至此完全消除。

汉朝刘邦消灭异姓王，改置同姓王作为社稷安邦的屏障以来，同姓王与朝廷的关系和王权之间的矛盾冲突便日趋激烈公开与表面化，形成与朝廷抗衡的地方权力中心，时刻威胁王权的存在和安危，封建君王作为天下之主，君命神授的化身，当然不能对此熟视无睹，无动于衷，任其欲为，于是采纳谋吏大臣的计谋实施削弱、打击同姓诸侯的策略。上述贾谊的『众建诸侯而少其力』、晁错的《削藩策》等主张建议都是为了削弱诸王的势力，使其丧失与朝廷对抗的实力，完全听命于君王。由于这些主张策略的重点是由朝廷君王直接干预侯国政务，因此矛盾的焦点集中于朝廷与侯国之间，两者互不相让，针锋相对，往往引发尖锐的政治冲突，吴楚七国之乱就是两者严重对立抗衡的结果。斗争虽然以朝廷战胜而告一段落，但是侯国割据地方称霸的格局仍未得到彻底扭转。而汉武帝时的中大夫主父偃的高明智慧之处就在于，他在总结历史的经验教训的同时注意到：（1）辨虎威之源。同姓诸王之所以如此猖狂骄横，目无朝廷，分庭抗礼，根本在于他们占据着全国许多重要政区，在政治、经济、军事上自成一体，相对独立，操纵控制一方国土，类似猴子称大王，如果削缩其国土封地，其势必然衰弱，也就容易控驭。（2）定暗斗之策。如果朝廷明令削弱他们，锋芒毕露，他们岌岌可危，势必联兵对抗，誓与朝廷决一死战，肯定会发生战乱，对政局不利。（3）行明推（恩）而实虚（势）之计。将独虎占大山化为群虎据小岗。虎哮之吼，则成群犬之吠。众虎争食，必自伤其势。这是将调虎离山衍化为『分虎群斗』的高明之举。现在诸侯王的子弟有的多达十几人，而只有嫡长子继续王位，其他子弟却不得一尺的封地，这既不符合仁孝之道，又非诸子弟所愿，有机可乘。他认为朝廷命令诸侯王把朝廷赐给他的恩惠推广到其他子弟的身上，用本国的土地封他们为侯，可以达到一石三鸟的目的：一是请王自己瓜分了侯国，并因此而产生矛盾冲突，可企达互相交错制约钳制；二是不动一兵一卒，只要一个诏令（推恩）便削夺了王国封地，将朝廷与诸王之间的矛盾转嫁给了诸王，让他们自己彼此争斗，在内讧中自溃自灭；三是朝廷处在双方仲裁人的地位，可以坐收渔人之利。汉武帝采纳实施推恩令之后，果然削弱了诸王的势力，使之再也无法与朝廷抗衡，只能俯首听命。这是汉武帝运用『推恩令』（形式）实行调虎离山，去其要势，避之以害计谋的绝妙发挥，也是政治家以因势利导，顺水推舟，落井下石，声东击西的调虎离山手法削弱强敌的成功范例。

调虎离山，战败司马

蜀后主建兴十二年（公元234），诸葛亮领兵34万伐魏，分五路进军，六出祁山。魏明帝曹叡闻报，命司马懿为大都督，领兵40万至渭水之滨迎战。诸葛亮与司马懿是沙场老对手，双方都知道对方兵法娴熟，足智多谋，不好对付。所以战前各自都做了周密部署，严阵以待。诸葛亮在祁山选择有利地形，分设左、右、前、后、中5个大营，并从斜谷到剑阁一线接连扎下14个大营，分屯军马，前后接应，以防不测。司马懿则屯大军于渭水之北，同时在渭水上架起九座浮桥，命先锋夏侯霸、夏侯威领兵5万渡河至渭水南岸扎营，又在大营后方的东原，筑城驻军，进可攻，退可守，稳扎稳打，务使魏军立于不败之地。司马懿受命离开魏都时，曾受曹叡手诏：『卿到渭滨，宜坚壁固守，勿与交战。蜀兵不得志，必诈退诱敌，卿慎勿追。待彼粮尽，必将自走，然后乘虚攻之，则取胜不难，亦免军马疲劳之苦。』所以在经过两次规模不大的交锋、双方互有胜负之后，魏军便深沟高垒，坚守不出。由于蜀军劳师远来，粮草供应颇为困难，因而利于速战；而魏军以逸待劳，利于坚守。因而诸葛亮的主要策略目标，就是要诱敌出战，调虎离山，速战速决。然而司马懿老谋深算，素以沉着、谨慎、稳重著称，加上有魏明帝临行手诏，也不必担心那些急于求功的部将鼓噪攻讦。在这种情况下，要调动司马懿这只『老虎』离山，谈何容易！然而，再狡猾的狐狸也斗不过好猎手，司马懿这只擅长谋略，经验丰富的『深山之虎』，最终竟被诸葛亮调出来了，还险些丢了性命。那么，诸葛亮究竟使了什么样的奇招，使司马懿这只老狐狸也难免上当呢？

诸葛亮深知，己方最根本的弱点是远离后方，粮草供应困难；他同时也深知司马懿正是看准了自己这一弱点，并利用这点做文章，期待并设法使蜀军断粮，从而将蜀军困死或逼蜀军撤退，然后乘机取胜。于是诸葛亮便将计就计，也在粮草供给问题上做文章、设诱饵，以此引司马懿这只『虎』离山。措施之一是分兵屯田，与当地老百姓结合就地生产粮食，以供军需，摆出一副做持久战的架势。这就等于向司马懿表示：你不急，我也不急；若是我不急，看你急不急。果然司马懿的长子司马师沉不住气了，对其父司马懿说：『现在蜀兵以屯田做持久战的打算，如此下去，如何是了？何不约孔明大战一场，以决雌雄！』司马懿口头上虽说『我奉旨坚守，不可轻动』，心里其实也很着急。诸葛亮的另一个措施是自绘图样，令工匠造木牛流马，长途运粮，据传这东西很好使，『宛如活者一般，上山下岭，各尽其便』。蜀营粮草由木牛流马源源不断从剑阁运抵祁山大寨。司马懿闻报大惊说道：『吾所以坚守不出者，为彼粮草不能接济，欲待其自毙耳。

今用此法，必为久远之计，不思退矣。如之奈何？』诸葛亮看出了司马懿急于破坏蜀军屯田、运粮、屯粮计划的心情，于是进一步利用这一点引他上钩。办法是：一方面在大营外造木栅，营内掘深坑，堆干柴，而在营外周围的山上虚搭窝铺草营造成蜀兵分散结营，与百姓共同屯田屯粮，而大营空虚的假象，引诱魏军前来劫营；另一方面在上方谷内两边的山坡上虚置许多屯粮草屋，内设伏兵，同时让军士驱动木牛流马，伪装往来谷口运粮。而诸葛亮自己则离开大营，引一支军马在上方谷附近安营，以引诱司马懿亲领精兵来上方谷烧粮。而司马懿呢？他虽烧粮心切，却又极为谨慎小心，深恐中了诸葛亮调虎离山的诡计。于是便也使了个声东击西、调虎离山计来应战。他亲领魏兵去劫蜀兵祁山大营，却一反过去每战必让主攻部队走在前面的惯例，让手下的部将冲锋在前，直扑蜀营，自己反而在后引援军接应。他这样做，一则是担心蜀营有准备，怕中了埋伏；二是他指挥魏军劫蜀军大营本属佯攻，目的是调动蜀军各营主力，甚至诸葛亮本人领军前来营救，而他却自领精兵奇袭上方谷，烧掉蜀方的粮草。然而，司马懿的这个调虎离山计未能跳出『如来佛的手掌心』，诸葛亮早料到司马懿这一着。因而当魏军直扑蜀军大营时，诸葛亮只是事先安排蜀军四处奔走呐喊，虚张声势，装作各路兵马都齐来援救的态势，而诸葛亮却趁司马懿这只『虎』已离山之机，另派一支精兵去夺了渭水南岸的魏营，而自己却在上方谷等待司马懿来『烧粮』，以便『瓮中捉鳖』。司马懿果然中计，他见四处蜀军都急急忙忙奔向大营救援，便趁机急领司马师、司马昭及一支亲兵杀奔上方谷来。接着又被蜀将魏延依诸葛亮的安排，用诈败的方法诱进谷中，截断谷口。一时山谷两旁火箭齐发，地雷突起，草房内干柴全都着火，烈焰冲天。司马氏父子眼看就将葬身火海，亏得突来一场倾盆大雨，才救了司马氏父子3人及少数亲兵的性命。司马懿这只『虎』原本拿定了深沟高垒、坚守不出、决不离山的主意，结果却仍被诸葛亮调下了山；他原想用『调虎离山』计烧掉蜀军的粮草，想不到却反而中了诸葛亮的『调虎离山』计。真个是计外有计，天外有天，军机难测。

第十六计 欲擒故纵

庄公用计，克段于鄢

春秋时期，郑武公的妻子姜氏是申侯的女儿。姜氏生两个儿子，老大名叫姬寤生，是姜氏难产生下的，因此就给他取名为寤生。老二姬段长得魁梧漂亮，面如傅粉，唇若涂朱，力大善射，武艺高强。姜氏对寤生很反感而对姬段却非常喜欢，她一心想让姬段继承丈夫的爵位，就经常在丈夫郑武公面前为姬段说好话，称赞他如何好，是武公爵位最适当的继承人。但郑武公不赞成，并正式把寤生确定为爵位的继承人，只把共城这个很小地方给姬段做领地。因此，姜氏对寤生更加不满。郑武公死后，寤生当了郑国的首领，称为郑庄公。姜氏见姬段没有权力，心中怏怏不乐。她对庄公说：『你继承了你父亲的爵位，拥有数以百里计的土地，而使自己的亲弟弟住在那么小的一个地方，于心何忍呢！』庄公说：『母亲你看该怎么办呢？』姜氏说：『何不把制邑这座城市给你弟弟居住呢？』庄公说：『制邑历来以险著称，先王曾经做出决定，不允许把这个地方分封给任何人。除此以外，别的地方都可以听凭母亲吩咐。』姜氏说：『那就把京城给姬段吧！』庄公默然不语。因为京城是一个很大的城市啊！姜氏就发起怒来，说：『如果连京城都舍不得给你弟弟，那你不如把他驱逐出郑国算了。』庄公没有办法，只好把京城给了他弟弟姬段做领地。

姬段得到京城后，以射猎为名，天天出城训练士卒，大肆招兵买马，不断向外扩张，袭取了郑国的鄢及廪延这两个地方。庄公知道这些消息，只是微笑不语。大臣公子吕对郑庄公说：『姬段倚仗朝内有他母亲的宠爱，朝外有坚固的京城可以凭借，日夜训练军队，讲习武艺，大有不达到篡权夺位的目的决不罢休之势，应赶快派兵剿除才是。』郑庄公说：『姬段的罪恶阴谋还没有公开暴露，怎么能派兵征讨呢？』他不仅拒绝了公子吕的劝告，还在公开的场合宣称：『姬段是我母亲最喜爱的儿子，是我非常喜欢的弟弟，我宁愿丢失一些地盘，也不愿伤兄弟的感情，违背国母的意愿！』公子吕不相信郑庄公说的是真话，就私下会见郑庄公，向他说明姬段的严重危害，求早日派兵剿灭。郑庄公说：『你不要惊慌，我早就考虑好，姬段虽然图谋不轨，但还没有公开造反，我如果派兵征讨，母亲必然从中阻挠。这样，既达不到消除隐患的目的，反而白白惹人议论。我现在干脆不去管他，他一定会倚仗母亲的溺爱肆无忌惮地造反。等他公开反叛时，我再向全国人民公布他的罪行，理直气壮地进行讨伐。这样国内既不会有人帮助他，母亲也无话可说。』公子吕说：『主公深谋远虑，我是比不上的，但如果时间拖得太久，姬段的势力壮大了，那时就不容易剿除。你如果一定要等姬段先动手，可以设法引诱他尽快造反。』郑庄公说：『你有什么好办法呢？』公子吕说：『主公可公开宣布你要到周天子那里去办理政务，姬段见国内空虚，必然乘机造反。我们……如此这般……可使姬段腹背受敌，他必然被擒。』

郑庄公采纳了公子吕的计谋，告别了母亲姜氏，对外宣称到周天子处办理公务，却向廪延方向慢慢地前进。公子吕率领200辆战车在京城附近埋伏。姜氏得知郑庄公到周天子那里去的消息，以为造反的时机已到，立即写信给姬段，约定5月上旬里应外合，合谋夺位。当时已经是4月下旬了，但送信的人被公子吕的伏兵捉获。公子吕把这信给庄公看后，又封好派人扮作姜氏的人把信送给姬段。同时预先派了十辆兵车扮作商贾模样潜入京城埋伏。姬段收到姜氏的信，率领了所有的军队，谎称奉了郑庄公的命令，到国都代理政务。姬段刚出京城不久，公子吕在城内的伏兵就点火为号，打开城门，公子吕率兵一拥而入，占据了京城。姬段出兵才两天，就得到京城失守的报告，心下惊慌，连夜回兵，屯扎在京城之外，准备攻城。但士兵中有人收到城内家人的来信，了解到姬段篡位造反的真相，互相传播，一哄而散。这时郑庄公率兵从廪延方向杀来。姬段见人心已变，腹背受敌，急忙向共城逃去，但共城太小，在郑庄公和公子吕两支大军的合力攻打下，很快就被攻破。姬段听说郑庄公马上就要到来，叹息说：『是姜氏害了我啊，我有何面目会见哥哥呢。』于是举剑自杀了。庄公诱使姬段造反，并诛杀他，既绝了后患，又塞了姜氏之口，乃属后发制人之妙用。

有一首诗写道：『子弟全凭教育功，养成稳恶陷灾凶。一从京邑公封日，姬段先操掌握中。』

张仪用智，楚齐盟破

公元前313年，秦国企图攻打齐国，但又顾虑齐国与楚国合纵亲善，秦惠王于是想到诡谋家张仪，有他出面引诱楚怀王，破坏齐楚之盟，便先免去张仪的宰相之职，然后派遣他出使楚国面见楚怀王。

楚怀王是个好大喜功、愿听奉承之人，张仪便尽可能拣好听的说，投其所好，纵其心智。他说：『我们秦王最喜欢的人莫过于你楚怀王，而我心甘情愿为效犬马之劳的人，也没有超过你楚怀王的。我们秦王最憎恶的人莫过于齐王，而我最讨厌的人也莫过于齐王。但是大王你和齐国亲善友好，因此我们秦王不能够支持你楚王，我也不能为你效劳。如果你能听我的话，跟齐国断绝关系，你即可派使者跟我到秦国去，收回秦王过去从楚国兼并的商於地方的六百里土地。这样，齐国就变弱了。你这样做削弱了北面的齐国，施恩于西面的秦国，自己又得了六百多里的商於之地。同时让秦国的美女来做侍奉你的妾婢，秦、楚两国互通婚嫁，永远结为兄弟之邦，这是一举三得四利的美事。』怀王听了眉开眼笑，忘乎所以，不知中计，反而把宰相的印信交给了张仪，把张仪视为功臣，每天请他饮酒作乐，并扬扬自得地说：『我又重新得到了过去失去的商於之地了。』文武百官都纷纷前来向楚怀王祝贺，唯独陈轸郁郁寡欢前来吊慰。楚怀王见状，十分恼怒，问道：『我一兵未发而得到六百里失地，有什么不好？』陈轸回答：『你的想法不对。以我之见，商於的土地不会到手，齐国、秦国却会联合起来，齐、秦一联合，楚国就将大祸临头，危及社稷之安。』怀王问：『你有什么解释吗？』陈轸回答：『秦国之所以重视楚国，就是因为我们有齐国做盟友。现在我们如果与齐国断交毁约，楚国便孤立了，秦国又怎么会偏爱一个孤立无援的国家而白送商於六百里土地呢？张仪此来不怀好意，回到秦国以后，一定会背弃对大王您的许诺。那时大王北与齐国断交，西与秦国结怨，两国必定联合发兵夹攻。为你谋划，不如我们暗中与齐国仍旧修好而只表面上绝交，派人随张仪回去，如果真的割让给我们土地，再与齐国绝交也为时不晚。』楚怀王斥责道：『请您陈先生闭上嘴巴，不要再说了，等着看我去接收大片土地吧！』于是又重赏张仪。随后下令与齐国断交毁约，派一名将领随张仪前往秦国接受土地。

张仪回到秦国，假装喝醉了从车上跌下来，托词养病，三个月不出门，转让土地一事束之高阁。楚王知道后，说道：『张仪是不是觉得我与齐国断交做得还不够坚决？』于是便派勇士宋遗借了宋国的符节，北上到齐国去辱骂齐王。齐王大怒，把象征着和好的楚国兵符也折断了，同时降低身份与秦国修好。秦、齐两国修好后，张仪才上朝露面，见到跟随来的楚国使者，故作惊讶地问：『你为什么还不去接受割地？

从某处到某处，宽广一共六里。』楚使说：『我奉命接受的是六百里，不是六里。』于是使者愤怒地回国向楚怀王报告，怀王勃然大怒，准备发兵讨伐秦国。陈轸劝阻说：『我可以开口说话吗？讨伐秦国不是个好办法，不如拿一个大城市去贿赂秦王，联合他一起去攻打齐国，把我们给秦国的土地，从齐国要回来，这样我国尚可保全。如今大王已与齐国绝交，又出兵讨伐秦国，这是撮合秦、齐交好，将招引天下大兵群起攻击，国家一定会受到严重的伤害。』怀王一心想复仇雪耻，不听陈轸的劝说，于是和秦国断绝关系，派屈绨率军队西攻秦国，秦国也任命魏章为庶长之职，起兵迎击。

公元前312年春季，秦、楚两国军队在丹阳大战，楚军大败，八万甲士被斩杀，屈绨及以下的列侯、执圭等七十多名官员被俘。秦军乘势夺取了汉中郡。怀王闻讯更加恼羞成怒，怒不可遏，征发国内全部兵力再次袭击秦国，在蓝田决战，楚军再次大败。韩、魏等国听说楚国危困，也向南袭击楚国，直达邓地。楚国听说了，只好率军回救，割让两座城向秦国求和。

刘安作乱，武帝除敌

刘安是淮南厉王刘长之子。文帝前元八年（公元前172），封为阜陵侯，十六年（公元前135）立为淮南王。他喜欢读书做文章，又爱沽名钓誉，罗致四方宾客和各种技能之士数千人。他的巨僚、宾客，大多是江、淮一带的轻薄之徒，常常用厉王刘长在流放途中死于非命一事刺激刘安。建元六年时，天空出现彗星，有人向刘安游说道：『以前，吴王刘濞起兵时，彗星出现，长仅数尺，尚且流血千里。如今彗星贯穿天际，恐怕天下将有大规模战事发生。』刘安认为说得有道理，就加紧制造进攻性的武器，积好金钱。

郎中雷被得罪了淮南王的太子刘迁，此时，汉武帝正颁下诏书，让有志参军报国的人到长安来应征，于是雷被表示愿意参军去打匈奴。但因刘迁在淮南王面前说了雷被的坏话，所以刘安将雷被斥责了一顿，并将其免职，以防止其他人效法。就在这一年，雷被逃到长安，上书朝廷说明自己的冤情。汉武帝将此事交给廷尉处理，因牵连到淮南王，公卿请求将刘安逮捕治罪。太子刘迁定计，让人身穿卫士服装，手持长戟站在淮南王刘安身边，如果朝廷派来的使者欲将淮南王治罪，就立即将其刺杀，然后举兵反叛。汉武帝派中尉段宏到淮南王处询问有关情况，淮南王见段宏神色平和，于是没有发动。公卿大臣奏称：『刘安拒绝有志奋击匈奴的壮士的请求，是犯了阻碍圣旨的大罪，应当众斩首。』汉武帝下诏削减淮南国的两个县。事后，刘安自怨自艾说：『我做仁义之事，反而被削减封地。』他以此为耻，于是谋反的准备越发加紧了。

当时，刘安与衡山王刘赐在礼节方面相互指责，不能相容。刘赐听说刘安有反叛朝廷的打算，害怕被刘安吞并，便也结交宾客，置备武器，打算在淮南王西进以后，发兵攻占长江、淮河之间的地区。衡山王王后徐来在刘赐面前诋毁太子刘爽，企图废掉刘爽，改立刘爽之弟刘孝为太子。刘赐囚禁了刘爽，将衡山王印信交给刘孝，命刘孝延揽宾客。前来投效的宾客们隐约了解到刘安、刘赐的谋反计划，便日夜慢慢地劝刘赐起事。于是，刘赐命刘孝门下宾客江都人枚赫、陈喜造战车、锻箭矢，雕刻天子印玺和文武官员的印信。这年秋季，刘赐照例应入朝谒见皇帝，途经淮南国，刘安与他用亲兄弟的语言交谈，消除了以往的矛盾，约定共同反叛朝廷。于是，刘赐上书朝廷，借口有病，不肯入朝。汉武帝赐书信给他，允许他不来朝见。

淮南王刘安以为朝廷没有觉察其起兵谋乱的计划，于是与其门客左吴等日夜加紧谋反准备，察看地图，部署进兵的路线。刘安派往朝廷的使者们从长安回来，谎称『皇上没有儿子且朝政腐败』他就高兴；如果说『汉廷政治清明，皇上有儿子』他就生气，认为是胡言。

刘安招来中郎伍被，与他商议谋反之事，伍被说道：『大王您怎么能有这种亡国的言论呢？我好像已经看到王宫中生满荆棘，露水打湿人衣服的凄惨景象了！』刘安大怒，将伍被的父母逮捕，囚禁了三个月。刘安又将伍被招来询问，伍被说：『当初秦朝无道，极为奢侈暴虐，十分之六七的老百姓都希望天下大乱。高皇帝在行伍中崛起，最终成为天子，这是因为利用对方的缺点，把握时机，趁秦朝土崩瓦解的机会举兴大业。如今大王见到高皇帝得天下容易，却单单不看不久前七国之乱的吴、楚吗！吴王刘濞统辖着四个郡的地方，国家富强，人口众多，经过周密计划并充分准备，而后才兴兵西进。然而为什么大梁一战失败，向东逃亡，本人身死，祭祀灭绝？是因为他逆天行事，不知时势。现在，大王的兵力还不足吴、楚的十分之一，而天下的形势却比吴、楚兴兵时安定一万倍。大王如不听从我的劝告，马上就会看到您丢掉千乘之国的王位，接到赐死的命令，先于群臣死在东宫的惨景。』刘安听了，流着眼泪不知所措。

刘安有一个庶出的儿子名叫刘不害，年龄最大，刘安不喜欢他，王后不把他当儿子看待，太子刘迁也不将他视为兄长。刘不害有一个儿子叫刘建，才高而气盛，经常对刘迁心怀不满，暗中派人告发刘迁曾企图刺杀朝廷中尉，汉武帝将此事交给廷尉处理。

刘安很害怕，想要举兵谋反，又和伍被商量，说道：『先生认为当初吴王兴兵造反，是对呢，还是不对呢？』伍被道：『不对。我听说吴王后来非常后悔，希望大王不要像吴王那样后悔。』刘安说道：『吴王哪里懂得什么叫造反！当初朝廷的将领一天中有40余人经过成皋。如今我截断成皋通道，占据三川的险要之地，再征召崤山以东的兵马，在这样的情况下举事，在吴、赵贤、朱骄如等都认为可以有九成把握，只有您认为是有祸无福，这是为什么呢？一定会像你说的那样，不可能侥幸成功吗？』伍被回答说：『如果大王一定要干的话，我有一计。当今各封国国君对朝廷都没有二心，老百姓也没有怨气。大王可以伪造丞相、御史的奏章，说是要请求皇上将各郡、国的豪杰之士和殷实富户迁徙到朔方郡，大量征发士兵，使集合期限紧迫。再伪造诏狱之书，声言要逮捕各封国的太平和宠臣。如此一来，就会百姓怨恨，诸侯恐惧，再派遣能言善道之人接着到各地游说，或许可以侥幸有十分之一的希望吧！』刘安道：『这是可以的。不过我觉得用不着这么麻烦。』

于是，刘安伪造了皇帝印玺和丞相、御史大夫、将军、军吏、两千石官员及周围各郡太守、都尉的印信，并伪造了朝廷使者的信节。又准备派人伪装在淮南国犯罪而西逃长安，投到大将军卫青门下，一旦发兵，立即将卫青刺死。刘安并且说：『朝廷大臣中，只有汲黯喜欢犯颜直谏，能够严守臣节，为忠义而死，难以迷惑；至于游说丞相公孙弘之流，就如同去掉物件上的覆盖物或摇掉树枝上的枯叶一般容易。』

刘安打算调动本国的军队，怕相和两千石官员不肯依从，便与伍被商议，计划先将相和两千石官员杀死，同时打算派人身穿治安人员服装，手持告急文书从东边奔来，高喊：『南越国的军队攻入我国边界了！』要以此为借口起兵。

就在此时，廷尉前来逮捕淮南国太子刘迁。刘安听到消息后，与刘迁密谋，召相和两千石官员前来，企图杀死他们，兴兵造反。召相，相一人应召来到，内史、中尉却都不来。刘安觉得光杀相一人没有什么好处，就放他走了。刘安犹豫，拿不定主意，刘迁便刎颈自杀，但没有死成。

伍被自己前往廷尉那里，告发与刘安图谋反叛的情节。廷尉于是派人逮捕了淮南国太子和王后，并且包围王宫，悉数搜捕在淮南国内与淮安王一道谋反的宾客，取得谋反证据后，奏闻朝廷。汉武帝命公卿处治刘安党羽，派宗正手持皇帝符节前往淮南国处治刘安。没等宗正来到，刘安便自刎而死。于是，将淮南王后荼、太子刘迁处死，所有参与谋反计划的人一律灭族。

汉武帝因为伍被平常的言论中曾多次赞美朝廷，所以不想杀他。廷尉张汤说：『伍被首先为淮南王做谋反计划，其罪不能赦免。』于是伍被被杀。侍中庄助平时与淮南王关系密切，二人曾私下议论事情，淮南王还曾送给庄助许多钱物。汉武帝认为这是小罪，想不杀他。但张汤坚持要杀，认为：『庄助出入宫廷，是皇上心腹之臣，却外与诸侯如此结交，如不杀庄助，今后类似的事情就不能禁止。』庄助终于被当众斩首。

衡山王刘赐上奏朝廷，请求废掉太子刘爽，立刘爽之弟刘孝为太子。刘爽听到消息后，立即派他的亲信白嬴到长安上书朝廷，揭发『刘孝私自造兵车、锻箭矢，并与父亲的姬妾通奸』，想除掉刘孝。正好主管官员在逮捕参与淮南王谋反计划的人时，在刘孝家中抓到陈喜，于是参劾刘孝窝藏陈喜。刘孝听说法律规定『先行自首的，可以免除罪责』，便自己先向朝廷告发了共同的密谋反叛枚赫、陈喜等人。公卿大臣奏请汉武帝逮捕衡山王治罪，衡山王自刎而死。王后徐来、太子刘爽及刘孝都被当众斩首，参与谋反计划的人一律灭族。总计淮南王和衡山王谋反两案，因受牵连而被处死的列侯、两千石官员及地方豪侠人物达数万人。

这是汉武帝运用耗纵的计谋策略，密观时态发展动向，巧用政敌内部的矛盾斗争，诱导政敌（刘安、刘赐）判断失误，错失良机，优柔寡断，待其懈怠疲惫四分五裂、罪行确凿时，不费一兵一卒，轻而易举挫败犯上作乱强敌的成功事例。

第十七计　抛砖引玉

抛砖引玉，赵国献城

战国时期，七雄争霸，局势混乱。秦国想去攻打魏国，联合赵国出兵夹攻，答应胜利后以魏国邺城（今河北临漳县等地）酬谢。

魏王受到两面攻击，非常恐慌，急召群臣计议，均束手彷徨，无计可施。最后问及芒卯将军，他劝魏王不必忧虑，说：『秦国和赵国本是不和的，今日联军，无非利之所在，想瓜分我国，扩充自己地盘，虽然声势浩大，却各人都打着自己的算盘，最容易分化。这场战争，秦国为主谋，赵国不外一个帮凶罢了。只要给他一点好处，挑拨一下，自然使他们互相猜疑，解散这个联盟了』。魏王连忙问：『要怎样去进行呢？时间越来越急迫了。』

芒卯说：『臣介绍张倚去，保管会成功！』

张倚到了赵国，见了赵王，传达来意之后，便说：『邺城这个地方，照目前的形势来看，是绝不可以继续保留下去的了，迟早都要陷落，现在大王既然联合秦国来进攻我国，目的也不外要求土地，为了避免战火，魏王有意把邺城献给大王，大王意下怎样呢？』

赵王听了心里非常高兴，却问：『两军未经交锋，便自动献送城池，究竟魏王有什么打算？』

『事情很简单，』张倚不亢不卑地对赵王说，『两军虽然未曾交锋，但兵凶战危，死伤必多，且会蹂蹰地方上的一切生灵，所谓师之所处，荆棘生焉，大军过后，必有凶年。魏王以仁慈治国，甚不愿老百姓遭遇浩劫，土地上布满千孔百疮，所以决然求和平解决！』

『但魏王对我存有什么希望吗？』

『那是必然，』张倚说，『这是和平解决，绝不是无条件投降，魏王在无可奈何的时候，当然亦会选择利害。魏与赵，过去曾合作结盟过，有着共患难的情谊；魏与秦是世仇，何况秦乃虎狼之国，秦兵实凶悍如禽兽，与其国土沦为夷狄，不如托管于朋友，这是很明显的趋势。照魏王本意大王如愿和魏王做朋友，就与秦国断绝邦交，以邺城作为朋友间的交换条件；不然的话，魏国人民唯有焦土抗战到底，与国土共存亡，请大王慎重计算一下！』

赵王沉思一番，然后说：『待我考虑考虑，明天再给你答复。』

赵王召见相国，把张倚的话告诉他，相国说：『联合秦国去打魏国，所得到的不外一个邺城，现在不用兵就能达到目的，何乐而不为呢？况且一旦魏国落入秦国手里，秦与赵的强弱形势更加悬殊，秦国随时可以掉转枪头对付赵国，这就是蚕食政策，不如现在趁机会得点好处，保全魏国，牵制秦国，以巩固自己边防，这就是长久之计。』于是，赵王答应魏国的条件，立即宣布与秦国断绝来往，下令关闭关卡，不准秦国人通过。

秦王惊闻意外消息，大发雷霆，认为赵王有意玩弄他，便下令军队返回防地，取消进攻魏国计划，反而仇视赵国，展开一场冷战。这一场战争尚未打起来时，赵王为要实践密约，派军队去魏国接收邺城。邺城的守将芒卯严阵以待，拒之于边境之外，问赵军是来闯祸抑或赠送，赵将说乃奉赵王之命，为实践密约来接收邺城的。

『狗屁！』芒卯厉声说，『本将坐镇此城，守土有责，岂是留守办移交的吗？』

『这是外交上的一项秘密协定，魏王已答应了的！』

『什么秘密协定？是魏王亲口答应的吗？是亲笔签了字的吗？拿出证据来！』

『难道魏王的特使张倚说的话不算数？』

『特使？张倚说的？你问他要好了！魏王没有命令通知我，我没有责任放弃这个邺城，你想要，可问问我的部将答不答应！我特别警告你，限你即刻离开此地，否则，教你来时有路退时无门！』

赵将垂头丧气地回去了，报告赵王，赵王大惊，才知上了魏国的大当。再者也听说秦国正在动员魏国，秦魏要缔结军事同盟，进攻赵国。赵国更加惶恐万分，于是召开紧急内阁会议，结果，自动割让五个城池给魏国，赵魏联合抗秦。

高祖嫁女，安定边塞

西汉初年，汉高帝刘邦平定天下以后，民困国弱，社会生产亟待恢复，社会经济更须复苏，致使出现了『天子不能具纯驷，而将相或乘牛车』的困顿局面。但在内扰不止之际，边塞外患却时时频传，特别是北方游牧民族匈奴的军队叩边犯塞之事，防不胜防。在受过匈奴首领冒顿率军的『白登之围』后，汉高帝刘邦为此更加忧心忡忡，便召众臣商议击匈奴以安塞的良计妙策。

汉高帝八年（公元前199）秋，由于匈奴冒顿率军又屡次侵扰汉朝北部边境。高帝刘邦一行刚自洛阳返回长安，便闻边急之战报，对此颇感忧虑，便询问建信侯刘敬如何对付匈奴的对策。

刘敬说：『天下刚刚安定，士兵们因兵事还很疲劳，不宜用武力去征服冒顿。但冒顿杀父夺位，把父亲的群妃占为妻子，以暴力建立权威，我们也不能用仁义去说服他。唯独可以用计策，使他的子孙长久做汉的臣属，然而我担心陛下做不到。』汉高帝刘邦则问：『那么，你说应当如何做呢？』

于是，刘敬回答说：『陛下如果能把嫡女大公主嫁给他为妻，又赠送给他丰厚的俸禄，那他一定会仰慕汉朝的恩威，以公主为匈奴的阏氏，生下儿子，肯定是太子。同时，陛下又命人每年四季用汉朝多余而匈奴缺乏的东西，去频繁地慰问与赠送给他们，而且乘机又派能说会道、能言善辩的人士前去讽劝与讲解礼节。这样一来，冒顿在世时，他本是汉朝天子的女婿辈；他若死后，则陛下您的外孙便理所当然地会即位为匈奴王单于。难道曾听说过外孙敢和外祖父去公庭抗礼的事吗？如果这样做的话，我们便可以不经一战、不动一兵一卒，而会让凶狠剽悍的匈奴渐渐臣服。但是，如果陛下舍不得让大公主去的话，而是令宗室及后宫女子去假称公主，他们知道了，也是不肯尊敬和亲近汉家天子的，因此还是没有用。』高帝听了此策说：『好！』

接着，刘邦便想让自己的亲骨肉大公主去与匈奴冒顿单于和亲。但吕后知道此事后，便日日夜夜哭泣着说：『我只有太子和一个公主，您为什么竟这么狠心地去把她扔给匈奴！』结果，高帝到底也没有办法让大公主到匈奴去。

次年（公元前198）冬季，汉高帝刘邦为实行与匈奴的和亲之计，于是便在庶民之家找来一名女子，称之为自己的大公主。命人把她嫁给匈奴单于冒顿做妻子，同时派建信侯刘敬作为特使，携诏书前往匈奴去缔结『和亲盟约』。

不久，刘敬顺利完成任务，从匈奴归来，对刘邦说：『匈奴的河南白羊、楼烦王部落，离长安城近的只有七百里，轻骑兵一天一夜就可以到达关中。关中刚遭过战事洗劫，缺少百姓，但土地肥沃，应该加以充实。诸侯最初起事时，没有齐国田氏，楚国的昭、屈、景氏就不能勃兴。现在陛下您虽然已经建都关中，实际却没有多少人民，而东部有旧六国的强族，一旦有什么事变，您也就不能高枕而卧了。我建议陛下把旧六国的后人及地方豪强、名门大族迁徙到关中居住，国家无事可以防备匈奴，如果各地旧诸侯有变，也足以征集大军向东讨伐。这是加强根本而削弱末枝的办法。』高帝听后，便说：『对呀！』

于是，这年十一月，汉高帝刘邦便下令迁徙旧齐国、楚国的大族昭氏、屈氏、景氏、怀氏、田氏五族及豪强到关中地区，给予便利的田宅安顿，共迁来十余万人之众。

由于采取了上述软硬两手（攻防、和亲相结合）的结果，确实收到了很好的效果。从此，汉番（匈奴）代代联姻，睦边共处了数百年之久，直至王昭君下嫁匈奴之后，仍继续维持这一关系。这是以和亲、联姻这种政治形式为名，而行怀柔之实的具体表现。更是汉家天子借助和亲，对匈奴单于施加小恩小惠，而收政治、军事多种实利，以安定边塞，减少边患的『抛引』之计实施的结果。

第十八计　擒贼擒王

昆阳大捷，刘秀显威

公元23年，为扑灭汉末农民起义之火，王莽派四十二万大军，以泰山压顶之势，围攻被绿林军占据的昆阳，当时，城中守军总共只有九千人，形势危在旦夕……

三月，王凤和太常偏将军刘秀等率领汉军进攻昆阳、定陵、郾等城，都先后予以攻克。

王莽得知严尤、陈茂失败的消息后，马上派司空王邑乘坐加急驿车和司徒王寻一起发兵去平定崤山以东地区。同时征召通晓六十三家兵法的人为军官，任用身材极高大的巨无霸为垒尉，还驱赶来一些虎、豹、犀、象等类的猛兽以助军威。王邑到了洛阳，各州郡也都选派精锐的士兵，由州郡的长官亲自带领，按时会集起来人数达四十三万，号称百万；其他部队还源源不断地开来，旌旗、辎重千里不绝。夏季，五月，王寻、王邑南进到了颍川，同严尤、陈茂会合。

汉军的将领们看到王寻、王邑如此兵多势众，都返身跑回昆阳城，个个惊慌不安，为老婆孩子担忧，想从这里撤回到原来占据的城邑去。刘秀对他们说：『现在城内兵少粮缺，而城外敌军非常强大，合力抗敌，或许有胜利的希望，如果分散，势必无法取胜。况且刘縯部队还正在围攻宛城，不能前来救援；假如昆阳被敌军占领，要不了几天的工夫，我军各部也就都完了。现在怎么能不同心共胆，共举大业，反而只想要守着妻子财物呢？』将领们发怒说：『刘将军怎么敢这么教训我们！』刘秀笑着起身。派出侦察的骑兵回来报告说：『敌人大军已迅速推进到城北，敌军阵营长达几百里，看不到尽头。』将领们一向轻视刘秀，但是在这样紧急的时候，就都议论道：『再请刘将军接着刚才来谋划这件事。』刘秀又给将领们谋划军事成败，将领们都说：『是。』这时城中只有八九千人，刘秀派王凤和廷尉大将军王常守卫昆阳，当夜就率领五威将军李轶等十三人骑马驰出昆阳城的南门，在外面征集队伍。兵临昆阳城下的王莽军队将近十万，刘秀等人费了很大气力才冲出去。王寻、王邑兵围昆阳，严尤向王邑献策说：『昆阳城小而坚固，现在假冒皇帝名号的更始皇帝刘玄正在围攻宛城，我们大军迅速向那里进兵，他必定奔逃；宛城那边的汉军一旦失败，昆阳城里的汉军自然会向我军投降。』王邑说：『我以前围攻翟义，就是因没能活捉住他而受到责备，如今带领百万之众，遇城而不能攻下，这有损大军的威风。应当先攻陷然后屠杀此城，踏着敌人的鲜血，前歌后舞地前进，难道不痛快吗？』于是把昆阳包围了几十重，列营上百个，战鼓之声响彻几十里，还开挖地道，用战车撞城；用许多弓弩向城内乱射，矢下如雨，城内百姓为了躲避飞矢，背着门板出外打水。王凤等乞求投降，不被理睬。王寻、王邑自以为很快就可破城，不担心军事上会出其他事故。严尤建议说：『《兵法》上写着：围城应当网开一面。让城内被围之敌得以逃出，让这些败兵去动摇正在围攻宛城的绿林兵的军心。』王邑又不听取这个建议。

刘秀到了郾、定陵等地，命各营全部出动军队；将领们贪惜财物，想要分出一部分兵士守在营地。刘秀说：『现在如果打败敌人，珍宝万倍，大功可成；如果被敌人打败，头都被杀掉了，还要什么财物！』于是全军出动。六月初一，刘秀和各营部队一同出发，亲自带领步兵和骑兵一千多人为前锋，在距离王莽大军四五里远的地方摆开阵势。王寻、王邑也派几千人来应战，刘秀一马当先带兵冲了过去，斩了几十人首级。将领们高兴地说：『刘将军平时看到弱小的敌军都胆怯，现在见到强敌反而英勇，太奇怪了！让我们都冲到前面去吧，以便协助将军！』刘秀又向前挺进，王寻、王邑的部队开始退却；汉军各部乘机都冲杀过去，斩了千百个首级。接连获胜，继续进兵，将领们胆气更壮，没有一个不是以一当百。刘秀亲自率领三千敢死队员从城西澨水岸边冲击王莽军的主将营垒。王寻、王邑轻视汉军，亲自带领一万余人压往军阵，戒令各营都按兵不动，单独迎上来同汉军交战，交战不久，王寻等失利，大部队又不敢擅自相救；王寻、王邑所部阵脚大乱，汉军乘机击溃敌军，追杀了王寻。昆阳城中的汉军也击鼓大喊而冲杀出来，里应外合，呼声震天动地；王莽军大溃，逃跑者互相践踏，地上的尸体遍布一百多里。此时电闪雷鸣，屋瓦被风刮得乱飞，大雨好似河水从天上倒灌下来，滍水暴涨，虎豹都惊吓得发抖，掉入水中溺死的士兵成千上万，河流因此被阻塞。王邑、严尤、陈茂等骑着马踏着死尸渡过滍水逃走。汉军获得王莽军抛下的全部军用物资，堆积如山，战利品接连几个月都收拾不完，余下的就地烧毁。王莽军的士兵四散奔逃，各返家乡，只有王邑和他带领的长安勇士几千人回到洛阳，于是关中震惊，海内豪杰一致响应，纷纷杀掉当地的州郡长官，自称将军，用更始年号，等待更始皇帝的诏命；这种形势，一个月之内遍布天下。

孔明遗计，斩魏文长

在孔明的眼中，魏延是一位武艺超群，敢作敢当，不被传统观念所束缚的人，是一匹桀骜不驯的烈马。且这匹烈马只有他能驾驭，而别人不但不能驾驭他，反会被其所伤害。因此，他在临终前，从维护蜀汉统治的需要出发，设计了如何在他死后除掉魏延的计谋。

蜀汉建兴十二年（公元234）八月二十三日，孔明病逝于五丈原军营之中。临终前，把军中所有大事全托付给了长史杨仪。

杨仪在未撤军前，先遣费祎到魏延营中告知丞相病故的凶信，并让他转告魏延，令他断后，掩护蜀军撤回汉中。

费祎来到魏延寨中告诉魏延说：『昨夜三更丞相已经辞世。临终再三嘱咐，令将军断后以阻住司马懿的追击，掩护大军回撤，不可发丧。』魏延问：『什么人代理丞相大事？』费祎说：『丞相已将所有大事尽托给杨仪，用兵之法已托给姜维。』魏延一听不无酸楚地说：『我随丞相多年，未想竟如此冷落于我。』转而狂怒道：『丞相虽亡，还有我魏延在！我自率大军去攻司马懿，岂可因丞相一人病故而废国家大事！』费祎劝他说：『丞相临终有令，嘱我军暂退汉中，不可有违。』魏延不满地说：『不要拿丞相来压我！丞相当初若依我之计，恐怕已取长安好久了。我现在是前将军，征西大将军，南郑侯。杨仪不过是一个长史，只配扶丞相灵柩入川安葬，怎能当此军中大任？我岂能为区区一长史断后？』

费祎回营见到杨仪，把魏延的话说了一遍。杨仪说：『丞相临终曾密嘱于我，说魏延日后必有异志。今日我让你去他寨中，实是想探其心也。如今看来，果应丞相之语。既然他不肯从军令，可由姜维断后。』于是便扶柩先行，率师徐徐而退。

魏延在寨中还傻等着费祎回话呢，谁知蜀军大营军马却早暗自退军了。魏延闻讯怒不可遏地说：『竖儒竟敢欺我！我定杀他以解心头之恨。』回头又向马岱说：『公肯助我否？』马岱说：『我早就恼恨杨仪这厮，我二人并力杀他。』于是二人率东部军马抄近路来到栈阁，烧毁栈道，阻住大军回汉中的归路以杀杨仪。

杨仪率军刚近栈阁道口，却听说魏延已先烧毁了栈道，于路中拦截。便依姜维之策，沿小路，涉崎岖山险，抄到栈道之后，望汉中进发，随即又令何平回师阻住魏延。

魏延守住栈道，自以为得计，谁知却见何平从身后杀了过来。急整军相迎。何平临阵对魏延部下鼓动说：『众军听着，你们都是西川之人，川中有父母妻子，兄弟亲朋。丞相在时也未曾亏待你们，今日魏延造反，你们为何反助他？你们应各回家乡，听候赏赐。』经何平如此一说，魏延部下军将们皆一哄而散，独马岱所率之部下一动未动。

魏延见势不妙与马岱商议说：『如今势衰，我们去投魏如何？』马岱说：『将军所虑欠思。大丈夫为何不自图霸业反却轻易屈膝降他人？依将军之勇，在两川之地上谁能与我们争锋？吾欲随将军先取汉中，然后再取两川之地。』

魏延见马岱如此倾心于他，心中暗喜，便与马岱来到南郑城下准备攻城。城头上，姜维向杨仪说：『魏延勇猛异常，又兼有马岱相助，他虽军少，我们如何能退他们？』

杨仪对姜维说：『丞相临终时付给我一个锦囊，并嘱咐我说若魏延造反，临阵对敌时可拆此囊，便有斩魏延之计，今何不拆开视之？』说着取出锦囊来看。杨仪看罢，在城头指着魏延说：『丞相在时，知你久后必反，难以豢养。今日叫我来除你。你若敢在马上连叫三声「谁敢杀我」便有人去杀你。你若敢喊，便是真丈夫。你喊了三声后若无人杀你，我可将此城献给你。』

魏延毫不在乎地说：『杨仪匹夫听着，丞相在时，我倒惧他三分。如今丞相已亡，天下人谁敢与我为敌，别说是三声，就是三万声又有何难？』于是提刀在马上大喊：『谁敢杀我？』

话音未落，只听背后一人厉声说：『我敢杀你！』未及魏延回首，此刻魏延头已落在地上。众人一看，原来杀魏延的竟是马岱。

原来，孔明在临终前，曾密嘱马岱如何斩杀魏延的妙策，让他在魏延身旁卧底，待时机成熟，乘其不备地杀他。这便是孔明的计斩魏延之策。

第四章 混战计智谋典故

第十九计 釜底抽薪

庆封设计，谋害崔杼

春秋时，崔杼杀了齐庄公，立公子杵臼为君，是为景公，自立为右相，庆封为左相。

庆封性嗜酒，爱打猎，经常不在国中。崔杼独揽朝政，专恣骄横。庆封心怀嫉妒，欲杀之而后快。

崔杼当日答应妻子棠姜，谓合谋杀了庄公之后，立她的儿子崔明为继承人，却又同情长子崔成，且断指为誓，不忍把他废掉。

崔成知道环境险恶，明白不可能与形势抗衡了，便对父亲说，自动将继承权让给同父异母的弟弟崔明，请求赐崔邑这个地方给自己过活。

崔杼听了满口答应，和部属东郭偃及棠无咎商量，东郭偃坚决反对，说崔邑是个大地方，只可以授给继承人，崔成既然放弃继承权，就没有理由据有此地。

崔杼对长子说：『我本想把崔邑给你，无奈郭、棠两人反对，只可将来另给你别的地方罢了！』

崔成听了，不说什么，转告给同胞弟弟崔强。崔强说：『哥哥既肯让位给他了，连这一个崔邑都不肯给？真是太岂有此理！父亲在，尚且如此，一旦父亲死了，你和我想做个奴仆都不可能了。』

崔成说：『这件事，不如去请教左相庆封，看有什么办法。』

两人立即往见左相，诉说前情，请尽力帮忙。庆封听说，暗喜正中下怀，但故意摆出一副悲天悯人的神态，把眉头皱了一皱，说：『你父亲现在已完全相信东郭偃与棠无咎，两人说什么便是什么，纵然对他提意见，未必听进。』说到这里，停了好一会儿，继续说：『这样子看来，你父亲正养虎为患，恐怕将来会伤及本身，如不及早除此二人，你们崔家子孙是不会幸福的。』

崔成、崔强马上接口说：『我们早有此心了，但力量太薄，怕会弄巧成拙。』

『还是慢慢想办法吧！』庆封说。

崔成兄弟辞别后，庆封召见心腹庐薄婺，说及崔家的事，庐薄婺提出意见：『崔氏之乱，乃庆氏之利也，不如乘机消灭他！』

过了几天，崔成、崔强又来了，提起前事。历数郭、棠二人罪恶，复求庆封尽力帮忙。庆封对他们说：『你两人既有此心，念及庆、崔两家世交情谊，我可以暗帮你兵甲去行事，只要能除此二人，你家便可以和平共处了。』

崔成、崔强大喜，当即便率了庆封的甲兵，埋伏在自己府上。

东郭偃和棠无咎每天要去朝见崔杼的，今晚迟迟从外面走来，毫无准备，一入门，崔成一声暗号，伏兵勇起，乱刀齐下，把两人砍成肉酱。

崔杼闻变大怒，急叫人驾车，但所有仆人都吓得跑光了，唯剩下一个守马房的和一个小厮，急忙中就叫小厮驾车，往见左相庆封，哭诉家庭变故。

庆封假装吃惊，说：『崔家和庆家虽是两姓，实同一体。你家之难，也即我家之难，孺子居然犯此逆天之罪，这又怎能坐视不管呢？如果你要我帮助的话，我自然会出力帮你去平乱！』

崔杼信以为真，感激地说：『但能除此逆子，确使崔家复兴的话，我会叫幼儿崔明拜你为义父！』

庆封于是动员家兵，叫庐蒲嫳来，吩咐如此如此，庐蒲嫳率队驰往崔家。

崔成、崔强见庐蒲嫳兵到，问及来意，庐蒲嫳诈说：『我奉左相命令，是来帮助你们的！』

『是不是要收拾崔明呢？』崔成问崔强。

『也许是吧！』

于是开门接庐蒲嫳进去，甲兵跟着一拥进入，竟团团包围起来。

崔成见形势不对，忙问：『左相之命怎样？』

『奉左相命，来取你兄弟头颅。』庐说完，喝叫左右：『还不动手，更待何时？』

崔成、崔强未及回答，头已落地。

庐蒲嫳纵甲士抄家抢劫，拿得动就拿，拿不动的就顺手破坏，把一间富丽堂皇的官邸毁得像个烂摊子，没有一件东西稍微完整的。

崔杼的妻子棠姜，惊慌过度，悄悄地吊死在房里。只有她的儿子崔明不在家，幸免于难。

庐蒲嫳割下崔成、崔强头颅，回复崔杼，崔杼一见，且愤且悲，既恨二人大逆不孝，又伤感父子亲情，不禁老泪横飞，好一会儿才问：『我的妻子平安吗？受没受惊？』

庐蒲嫳说：『夫人正熟睡，卧床未起。』

『那还好。』崔杼稍觉心安，对庆封说：『我急于回家去安慰一下夫人，却没有人擅于驾车的，可否借你车夫一用？』

庐蒲嫳自告奋勇地说：『还是我给右相驾车回去吧！』

崔杼向庆封致谢过后，登车而别，到了府第，却见大门打开，没有一个人，满地都是破烂东西，直入中堂，骇见棠姜似一只腊鸭，挂在梁上，崔杼吓得魂不附体，想问庐蒲嫳究竟是怎么回事。可是他不知什么时候离开了。再找崔明，又无人应声。这时，他大哭起来，自言自语说：『唉！我被庆封出卖了，弄到无亲可近，无家可归。』说完，解下腰带，亦吊死在房里。

第二十计 浑水摸鱼

浑水摸鱼，维护霸业

春秋时期，五霸之首齐桓公在位期间（公元前685—前643），起用名相管仲，其文韬武略，非同一般，尤擅长用混水摸鱼的计谋来维护齐桓公的霸业。

公元前662年，鲁庄公死去不到三个月，庄公的庶兄庆父就杀了继位的公子般，立鲁闵公子启。齐桓公派大夫仲孙湫去鲁，见了闵公和相国季友，还见了公子申，窥探了庆父动静。仲孙回国后对桓公道：庆父不去，鲁难未已。桓公道：『寡人发兵除去庆父，如何？』仲孙道：『时机还不成熟。庆父早晚要篡位，到那时再出去，才是尽霸主之责。』第二年，庆父又遣刺客杀了闵公，季友和公子申奔邾国避难。鲁人素服季友，闻相国出奔，举国若狂，痛恨庆父连弑二君，聚众先杀了刺客全家，将奔庆父，庆父逃到莒国。齐桓公对仲孙湫道：现鲁国已无君，取之如何？仲孙道：『且慢！鲁国为礼仪之邦，虽遇弑君之乱，还有公子申明习国事，相国季友为民心所向，有戡乱之才。如果鲁人自己起来平乱定国，齐国就出师无名，不如与之交好。』齐桓公就遣上卿高奚，率南阳甲士三千去鲁相机行事。临行时嘱咐高奚：『公子申果然贤明，当扶立为君，以修邻好；否则，便可兼并其他人。』高奚至鲁，正好碰到季友与公子申回国。高奚见公子申相貌端正，议论条理，心中十分敬重，就与季友商议，拥公子申为君，是为僖公，庆父也在鲁国弃绝下被迫自杀。

齐桓公救燕定鲁后，威名愈振，诸侯心悦诚服。公元前660年，狄人侵犯邢国，又移兵伐卫。卫懿公使人到齐国告急，诸大夫请救之，桓公道：征伐戎国的战争创伤，还没平愈，且等明春，再会诸侯去救吧！

卫惠公子懿公，自鲁庄公二十六年（公元前668）即位以来，玩乐怠傲，不理国政，尤爱禽中之鹤。那鹤色洁形清，能鸣善舞，懿公爱之如命，凡献鹤者皆重赏，百方罗致；都来进献，苑囿宫廷，处处养鹤。所蓄之鹤，都有品位俸禄，上者食大夫俸，次者食士俸，养鹤之人，也有常俸。朝廷厚敛于民，以充鹤粮，民有饥冻全不忧恤。大夫石祁子、宁速同国政，报狄人入侵时，懿公大惊，即刻征兵授甲，百姓都逃野，不肯从军，懿公使人抓来百姓。问他们为什么逃避。百姓答：『君王只用一物，就可御狄，何用我等！』懿公问：『何物？』众人答：『鹤！』懿公道：『鹤何能御狄？』众人道：『鹤既不能战，是无用之物。君主轻视有用的百姓，厚养无用的鹤，这就是百姓不服的原因。』懿公大惭，把豢养的鹤都放了，石、宁二大夫亲往街市，说明卫侯悔过之意，百姓才稍稍复聚。

懿公一面遣人往齐国求救，一面令大夫渠孔为将，自己率兵亲征。行近荥泽，看见敌军有一千多骑，左右分驰，不成阵势，渠孔道：人说狄勇，徒负虚名！就击鼓而进，狄人诈败，把渠孔引入埋伏圈，一时呼哨而起，如天崩地裂，将卫兵截作三段。卫兵本无心交战，见敌势凶猛，都弃车仗而逃，懿公被狄兵重重包围，与渠孔先后被害，全军覆没，狄兵直入卫城，百姓奔走逃难，狄兵将卫国府库、民间存留的金粟，抢劫一空，毁了城郭，满载而归。石祁子先扶公子申登舟，宁速收拾遗民，来至漕邑，查点男女，才七百二十多人，又从共、滕二邑抽了四千多人，凑五千之类创立庐舍，扶立公子申为君，是为戴公。戴公先已有疾，数日即病故。宁速去齐国，迎公子燬即位。齐桓公道：公子燬从敝邑回去，将守宗庙，若器用不备，就是我的过错了。于是命公子无亏，驱车三百乘，赠以牛羊猪鸡犬、美锦、祭服等许多礼品。公子燬在齐扶助下即位，次年春正月改元，为卫文公。齐公子无亏回国时，还留下甲士三千人，以防狄患。

无亏回国，向齐桓公报告后，管仲道：只留下士兵防狄，不是长久之计，不如帮助卫择地筑城，一劳永逸。桓公称善。正要纠合诸侯助卫筑城时，忽然刑国遣人告急，道：狄兵又来本国，力不能敌，伏望救援。桓公问管仲道：该去救邢吗？管仲道：『诸侯之奉齐，就因齐能在危急中救援。此番齐既没救了卫，再不救邢霸业就完了。』于是，桓公通知宋鲁曹邾各国，合兵救邢，在聂北集合。宋曹两国的兵先到，管仲又对齐桓公道：『先别急于出兵。现在狄攻邢，其势正张；邢反击，其力未竭。击势方张之狄，要费加倍的力量；助力未竭的邢，取得了功较少。不如稍加等待，邢支持不了而溃败，狄胜邢而力疲，驱疲狄而援溃邢，那就力省而功多了。』于是，齐桓公只说鲁邾兵未到，在聂北等待，一面，遣间谍探听狄邢攻守消息。三国驻兵聂北，约近两个月。狄兵攻邢，昼夜不息。邢人力竭，突围而出，都投奔齐营求救，邢侯叔颜哭倒在地。桓公把他扶起，安慰道：寡人没有及早相援，以致如此。当即与宋公、曹伯共议，即日拔寨起兵。狄人已把城中财物抢劫一空，听说三国大军即至，无心恋战，放起一把火，望北飞驰而去。各国兵到，狄人已走。桓公传令将火扑灭，问叔颜：故城还能居住吗？叔颜道：逃难的百姓，多半都去夷仪，还是应该顺从民意，迁都夷仪。桓公就与各国一起修筑夷仪城，让叔颜居住进去，又为他建立朝庙，添设庐舍，从齐国运来牛、马、粟、帛，使他们能开始正常生活。邢国君臣对齐桓公感激涕零，欢呼不止。

事毕，宋、曹等国欲辞去，齐桓公道：还有卫国未定呢！我们不能只为邢建城，还应为卫建城才是。诸侯道：听霸君命。桓公下令移兵向卫，军士们都随身携带畚锸等工具。卫文公远远相迎，布衣帛冠，一身丧服，桓公见了，不禁凄然，道：『寡人借诸国之力，愿为君定都，不知选何地为吉？』文公道：『我已选下吉地在楚邱，但建都所需财力，非亡国所能负担。』桓公道：『全部财力由寡人负担。』即日会集各国之兵，都去楚邱兴工，又从齐国运来建筑材料，重立朝庙。卫文公深感齐再造之恩。

齐桓公保存三个亡国的事迹，一时传为佳话。人们说，桓公立僖公以存鲁，城夷仪以存邢，城楚邱以存卫，是他的三大功劳。实际上，齐桓公没有在邢、卫最危急时出兵，而是待两国已亡，才去建城，用的是浑水摸鱼之计，尤其是管仲的驱疲狄而援溃邢的方针，比起齐桓公的立僖公以存鲁来，是一种更加突出的浑水摸鱼计谋。

吴魏交兵，刘备渔利

赤壁大战，曹操大败。为了防止孙权北进，曹操派大将曹仁驻守南郡（今湖北公安县）。这时，孙权、刘备都在打南郡的主意。周瑜因赤壁大战，气势如虹，下令进兵，攻取南郡。刘备也把部队调到油江口驻扎，眼睛死死地盯住南郡。周瑜说：『为了攻打南郡，我东吴花多大的代价都行，南郡唾手可得。刘备休想做夺取南郡的美梦！』刘备为了稳住周瑜，首先派人到周瑜营中祝贺。周瑜心想，我一定要见见刘备，看他有何打算。第二天，周瑜亲自到刘备营中回谢。在酒席之中，周瑜单刀直入问刘备驻扎油江口，是不是要取南郡？刘备说：听说都督要攻打南郡，特来相助。如果都督不取，那我就去占领。周瑜大笑，说南郡指日可下，如何不取？刘备说：都督不可轻敌，曹仁勇不可当，能不能攻下南郡，话还不敢说。周瑜一贯骄傲自负，听刘备这么一说，很不高兴，他脱口而出：『我若攻不下南郡，就听任豫州（刘备）去取。』刘备盼的就是这句话，马上说：『都督说得好，子敬（鲁肃）、孔明都在场做证。我先让你去取南郡，如果取不下，玄德就去取。你可千万不能反悔啊。』周瑜一笑，哪里会把刘备放在心上。周瑜走后，诸葛亮建议按兵不动，让周瑜先去与曹兵厮杀。

周瑜发兵，首先攻下彝陵（今湖北宜昌）。然后乘胜攻打南郡，却中了曹仁诱敌之计，自己中箭而返。

曹仁见周瑜中了毒箭受伤，非常高兴，每日派人到周瑜营前叫战。周瑜只是坚守营门，不肯出战。一天，曹仁亲自带领大军，前来挑战。周瑜带领数百骑兵冲出营门大战曹军。开战不多时，忽听周瑜大叫一声，口吐鲜血，坠于马下，被众将救回营中。原来这是周瑜定下的哄骗敌人的计谋，一时传出周瑜箭疮大发而死的消息。周瑜营中奏起哀乐，士兵们都戴了孝。曹仁闻讯，大喜过望，决定趁周瑜刚死，东吴没有准备的时机前去劫营，割下周瑜的首级，到曹操那里去请赏。

当天晚上，曹仁亲率大军去劫营，城中只留下陈矫带少数士兵护城。曹仁大军趁着黑夜冲进周瑜大营，只见营中寂静无声，空无一人。曹仁情知中计，急忙退兵，但是已经来不及了。只听一声炮响，周瑜率兵从四面八方杀出。曹仁好不容易从包围中冲出，退返南郡，又遇东吴伏兵阻截，只得往北逃去。

周瑜大胜曹仁，立即率兵直奔南郡。等周瑜率部赶到南郡，只见南郡城头布满旌旗。原来赵云已奉诸葛亮之命，乘周瑜、曹仁激战正酣之时，轻易地攻取了南郡。诸葛亮利用搜得的兵符，又连夜派人冒充曹仁救援，轻易地诈取了荆州、襄阳。周瑜这一回自知上了诸葛亮的大当，气得昏了过去。

计中套计，大败曹真

诸葛亮起兵伐魏，于阵前骂死汉朝叛臣王朗。魏军都督曹真派人将王朗尸首送回长安。副都督郭淮献计曰：诸葛亮料吾军中治丧，今夜定来劫寨。可分兵四路：两路从山僻小路，乘虚去劫蜀寨；两路伏于本寨外，左右击之。曹真大喜曰：此计与吾甚合。遂传令唤曹遵、朱赞两个先锋吩咐曰：汝二人各引一万军，出祁山之后。但见蜀兵望吾寨而来，汝可进兵去劫寨。如蜀兵不来，便撤兵回来，不可轻进。二人受计，引兵而走。真谓淮曰：我两个各引一支军，伏于寨外，寨外虚堆柴草，只留数人。如蜀兵到，放火为号。诸将皆分左右，各自准备去了。

诸葛亮收军回帐。先唤赵云、魏延听令。孔明曰：『汝二人各引本部军去劫魏寨。』魏延进曰：『曹真深明兵法，必料我乘丧劫寨。他岂不提防？』孔明笑曰：『吾正欲曹真知吾去劫寨也。其必伏兵在祁山之后，待我兵过去，却来袭我寨；吾故令汝二人引兵前去，过山脚后路，远下营寨，任魏来劫吾寨。汝看火起为号，分兵两路：文长把住山口；子龙引兵杀回，必遇魏兵，却放彼走回，汝乘势攻之，彼必自相残杀。可获全胜。』二将引兵受计而走。又唤关兴、张苞吩咐曰：『汝二人各引一军，伏于祁山要路，放过魏兵，却从魏兵来路，杀奔魏寨而去。』二人引兵受计去了。又令马岱、王平、张翼、张嶷四将，伏于寨外，四处迎击魏兵。孔明虚立寨栅，居中堆起柴草，以备火号；自引诸将退于寨后，以观动静。

魏先锋曹遵、朱赞黄昏离寨，迤逦前进。二更左侧，遥望山前隐隐有军行动。曹遵自思曰：郭都督真神机妙算！遂催兵急进。到蜀寨时，将近三更。曹遵杀入寨中，却是空寨，并无一人。料知中计，急撤军回。寨中火起。朱赞兵到，自相残杀，人马大乱，曹遵与朱赞交马，方知自相践踏。急合兵时，忽四面喊声大震，王平、马岱、张嶷、张翼杀到。曹、朱二人引心腹军百余骑望大路奔走。忽然鼓角齐鸣，一彪军截住走路，为首大将乃常山赵子龙也，大叫曰：『贼将哪里去！早早受死！』曹、朱二人夺路而走。忽喊声又起，魏延又引一彪军杀到。曹、朱二人大败，夺路奔回大寨。曹寨军士只道蜀兵来劫寨，慌忙放起号火。左边曹真杀出，右边郭淮杀出，自相残杀。背后三路蜀兵杀到：中央魏延，左边关兴，右边张苞，大杀一阵。魏兵败走十余里，魏将死者极多。孔明大获全胜，方始收兵。

诸葛亮料敌如神，棋看三着，将计就计，引敌自相残杀，乘其乱，举兵攻之，焉有不胜之理！

第二十一计 金蝉脱壳

剖陈利害，巧计脱险

春秋、战国时期，列国纷争，礼崩乐坏。利之所在，无所不为。出使之人，倘无辩才大略，往往陷入困危之境而不能自拔。当是之时，欲行金蝉脱壳之计，非有过人之智，必不能成功。

楚怀王时，与秦结盟，对抗齐、魏诸国。楚王派景鲤入秦，联络关系。不料，秦国并无联盟的诚意，只不过打算从中渔利而已。景鲤入秦以后，有人向秦王献计说：『景鲤乃楚王之爱臣，大王不如将其扣留，然后用他来换取楚国的土地。楚王同意，则秦国可以不用兵而得地；楚王不同意，则可杀掉景鲤。楚王更换使者，才具不如景鲤，秦国照样可以获利。一举而两得。』秦王于是将景鲤扣留。

景鲤被扣留以后，并未惊慌失措。他派人去见秦王，对他说：『臣认为大王的权势将为天下人所轻视，而并不会获得土地。』秦王问其缘故，来人说：『景鲤出使秦国，齐、魏两国纷纷献出土地，讨好于大王。之所以如此，是因为秦与楚结盟，势力增强。如今，大王扣留景鲤，是明明白白地告诉天下之人，秦国与楚国并无盟友关系。齐国与魏国知秦国势孤，必然轻视秦国，与大王为敌。楚国见齐、魏叛秦，不仅不会割让土地，还会结交诸侯，进攻秦国。如此一来，秦国社稷，岂不危险？不如放回景鲤。』秦王听罢，考虑了一番，下令将景鲤遣还楚国。

这一时期中，秦、楚、齐、魏钩心斗角，或盟或攻，翻手为云，覆手为雨，形势十分微妙。楚国与齐国争相事秦，秦国与魏国相互联络，又企图破坏齐国与楚国的关系。景鲤出使秦国，参与了秦、魏之间的谈判。楚怀王闻讯大怒，认为如果齐国知道了这件事，将会怀疑楚、秦、魏三国勾结，图谋伐齐，从而影响楚、齐关系。于是打算治景鲤之罪。

景鲤得到消息以后，派人对楚王说：『臣为景鲤参与了秦、魏谈判向大王祝贺！』楚王不解其故，来人说：『秦、魏谈判，意在与齐结盟而使齐、楚相攻。如今景鲤参与其事，齐国绝不肯相信魏国与秦结盟将进攻楚国，况且齐国还会怀疑楚国与秦、魏两国暗中联盟，必将对楚国格外重视。因此，景鲤参与其事，大王将获大利。如果景鲤不这样做，魏国必令齐国与楚国绝交。齐国从之，必将轻视楚国。因此，大王切不可加罪于景鲤。这样一来，就会让齐国认为秦、魏与楚三国暗中有盟约，不仅会让齐国重视楚国，还会使其怀疑秦国与魏国。』楚王闻言称善，不仅没有加罪于景鲤，而且为他加官晋爵。

郑泰巧施，金蝉之计

董卓控制东汉王朝的京都之后，倒行逆施，关东义兵蜂起，矛头直指董卓。为此，董卓召集朝廷大臣，议论发兵镇压之事。群臣畏惧董卓的凶悍，不敢反对。而郑泰则深感如此一来，无异会导致董卓势力的强大，发展下去，日后更难控制。于是对董卓之议提出反对意见，认为治理好国家，在德政而不在于军队和武力。此论一出，董卓不悦，反驳郑泰，说：『如此说来，难道军队就没有什么作用？』群臣深知董卓蛮狠，此言一出，莫不变色，为之震栗。然而郑泰沉着冷静，处变不惊，因知董卓刚愎自用，便巧施金蝉脱壳之计，从容不迫地解释自己所持的主张。

为了迷误董卓，郑泰指出方才所论不是指军队有没有作用，而是指用不着发兵攻打关东地区。为此，他陈述了这一论点的十大依据：

第一，如今峭山以东地区议论纷纷，准备起兵，州郡相连，人众相动，并非不能。只是从东汉开国皇帝光武帝刘秀以来，中原地区无鸡鸣狗吠之警，百姓忘战已久。孔子早就说过：『不教民战，是谓弃之。』尽管这些广大的土地上布满民众，但这些不习战的『弃民』不可能对我们构成威胁。

第二，明公（对董卓的尊称）出自西州，从年轻时即担任将领，军事娴熟，富有临战经验，闻名当代。以此威慑民众，民众无人敢不服从。

第三，从我们的敌手情况来看：袁绍为公卿子弟，生于京师之中、长于妇人之手；张邈素为长者，坐不窥堂，别无他能；孔伷能清谈高论，无军帅之才。这些人虽然号令一方，但临锋履刃，决战制胜，绝非明公对手。

第四，遍观崤山以东之士，勇猛、威力、敏捷、诚信、计策等方面出类拔萃如孟贲、庆忌、张良、陈平者，闻所未闻，见未所见。

第五，即便有第四点所示人才，如无王命，各人恃众怙力，必将人人观望，以待成败，不肯勠力同心，联合进击。

第六，从我方情况来看，关西诸郡，北接上党、太原、凤翔、扶风、安定，又多次与北方民族作战，连妇女都会载戟挟矛，弯弓射箭，更何况悍强男子。以此习武之师进攻东部地区的忘战之民，正如驱赶虎狼以入羊群，其势必胜。

第七，如今天下勇猛之旅，不过并州、凉州、匈奴屠各、湟中义从、八种西羌，这些均为百姓平素所敬畏，而明公以之为爪牙，于此壮士闻风丧胆，更何况小小百姓。

第八，明公所统将帅，皆为亲属心腹，相随日久，忠诚可远任，智谋可特使，与关东乌合之众相比，实有天壤之别。

第九，导致战争失败的情况有以下三种：以乱攻治者亡；以邪攻正者亡；以逆攻顺者亡。如今明公掌握全国的政治大权，为政清明，讨伐凶宦，树立忠义，具有三大德政，以三德对三亡，奉命伐罪，谁人敢御？

第十，今东州有郑玄，学贯古今，为儒生所敬仰；北海邴原，清正高洁正直明智，为群士之楷模。如果关东起兵之人向两位征求意见，讨教计策，两人必然据史实典籍加以劝阻，认为战国时期燕、赵、齐、梁之势并非不强，但最终被秦吞灭；西汉时吴、楚七国之军并非不众，却不敢越过荥阳西进，何况如今朝廷在明公治理下德政显著，部属精良，若起兵造反，无异于以动乱落得不义下场，他们必定不会同意，促成其事。

如果认为上述十个论点能够成立，那么，无事征兵，惊动天下，致使以兵役为患之民相聚造反，依恃人多势众而不顾德政，这样一来，势必会减轻朝廷之威、明公之重。所以说治理国家，在于德政，而不在军队和武力。

郑泰之言，气势磅礴，蕴力十足，董卓听后才转怒为喜，并以郑泰为将军，使统兵迎击关东诸军。当时有人对董卓说：『郑泰智略过人，并与关东之兵有勾结，如今给予兵马，正促使他与敌党的联合。』董卓多疑，遂收回拨给郑泰的军队，将郑泰留在朝廷，任命他为议郎。

此后，郑泰与王允密谋铲除董卓，设法离开朝廷，经武关东归。将军袁术表荐郑泰为扬州刺史，郑泰也没有赴任，就在路途中死去，时年四十一岁。

第二十二计　关门捉贼

关门捉贼，重占长安

唐朝后期，政治愈加腐败，人民苦不堪言，只有反抗才能生存，当时，农民起义纷起，而黄巢义军则是其中实力较强的一支。

黄巢最初几年曾在山东、河南、安徽、湖北一带流动作战，杀贪官以平民愤；打富济贫，灭权贵以图平均。黄巢后来率众南下杭州（今浙江杭州市）、越州（治所在今浙江绍兴）、衢州（治所在今浙江衢江区）、建州（治所在今福建瓯）、福州（治所在今福建福州市），一直打到广州。黄巢本欲在广州建立政权，但所率农民多是北方壮士，不服水土，多数染病，于是又率众北上，由广州进入湖南，再进入湖北。当时唐朝宰相王铎被僖宗抢先派到江陵（今湖北江陵），以堵黄巢义军北上，但王铎虽受命而来，却坐镇江陵，闻黄巢以五十万部众长驱直入，各州守官望风而逃，王铎也就吓破了胆。黄巢知道王铎是朝廷派来江陵堵截的，就直向江陵找王铎，准备大打一仗，哪知到了江陵，王铎已逃得不见影了。黄巢又折回下江州（治所在今江西九江）、信州（治所在今江西上饶）、池州（治所在今安徽贵池），由采石过长江，攻进泗州（治所在今江苏泗洪东南），直驱洛阳。由洛阳过潼关取长安。

黄巢义军纪律严明，深得群众的拥护，义军所向披靡，势如破竹，穿州过县，犹入无人之境。

当黄巢攻下东都洛阳时，唐僖宗就做好了逃跑的准备。黄巢过了潼关，僖宗就带着太监田令考，连宰相、大臣都瞒着，悄悄地溜出长安向兴元（治所在今陕西汉中市东）逃跑。那天等到日中大臣们上朝，还不见僖宗出来接受朝拜，便着急起来，最后才知道僖宗已经溜了。唐王朝的大臣们也逃的逃，藏的藏，使黄巢不费吹灰之力，于唐僖宗广明元年（公元880），在京城人民的夹道欢迎中从春明门进入了长安城。

黄巢的义军进入长安后，立即将皇室大臣的财物分送给京城中的穷苦百姓，并由大将尚让安抚群众说：『黄巢起兵，本为百姓，不像李氏王朝虐待你们，不管人民的死活。现在义军做主，你们只管安居乐业，不要害怕。』

黄巢入京以后，开始时没有住进皇宫，只令人保护内城，自己住到太监田令考的住宅里。并且申明军纪，约束士卒，颇得京城人民拥护。但不多几日，黄巢就在一些人的逢迎劝说下，挈眷入宫，做了大齐皇帝，改元金统。拜尚让等人为相。此时，黄巢由于大享宫廷快乐，完全忘记了唐僖宗还存在，唐的旧臣势力还存在，没有及时追击僖宗，僖宗得以从容逃脱。僖宗逃到成都，召集旧臣商量反扑。他们训练士卒，补充武器，调集军队，积极准备反攻。又千方百计暗中收买黄巢手下的将领与唐朝降将，唆使他们叛离。关派使臣请沙陀（西突厥别部）李克用部增援，共同对付起义军。这一切，黄巢未予充分重视。唐僖宗中和元年，即黄巢大齐金统二年（公元881）五月，唐军的军事部署已经完成，形成了对长安义军的包围圈。

这时，黄巢派尚让进袭凤翔（今陕西凤翔），唐将郑畋事先伏兵要隘，自带诱兵，出阵高冈，尚让以为郑畋不懂军事，就挥众杀过来，哪知刚到龙尾陂，唐朝伏兵突然杀出，将义军截击成数段。尚让一看上当，就只好退军，但已损失过半。

凤翔一战，唐军得胜，就使唐军急欲夺功，于是尾追尚让而来。尚让回军入长安，禀报黄巢凤翔失败经过，说唐军已齐集于长安城下，形势已很危急。黄巢与诸将分析了唐军的阵容之后，即定下了以退为进关门捉贼的策略。黄巢突然于五月初六向东退出长安，露宿于坝上。唐军程宗楚、唐弘夫、王处存等率军杀进城去。入城的官军看到城内早已没有一个义军了，就松弛下来，大肆抢劫财物、强奸妇女，尽情享乐，把个长安城闹得乌烟瘴气。当天半夜，义军迅速回师，衔枚急走，直趋长安城，义军在孟楷率领下，人人争先、奋勇冲杀，而官军士卒，金银财物满袋，包袱沉重，哪里顾得上打仗，所以义军到处，直杀得唐军尸横遍野。都统程宗楚等人，半夜突闻黄巢义军进城，慌乱之中不分东西南北，无法召集指挥士卒，只得单枪匹马，与义军部众鏖战，最后力不能支，被义军杀死，长安城又回到黄巢义军手中。可见，义军拥有的不仅是仇恨和反抗，同样掌握高深的战略战术，是一支军事上成熟的部队。

第二十三计　远交近攻

伐交攻心，孙膑平叛

齐宣王命田忌和孙膑收复边城，平息公子郊师叛乱。孙膑对齐宣王道：『公子郊师区区乌合之众，之所以敢与国家为敌，是因为有魏国做后盾。秦国乃魏国劲敌，大王可派能言善辩的说客，前往秦国游说秦王与齐国结盟，请秦国出兵进攻魏国；韩赵两国早有与齐国结盟之意，只是因为我国内乱，才没有立盟，大王可派使者前往韩国与赵国，确定立盟之事，然后请韩赵两国同时出兵。若三国出兵，庞涓将无暇顾及公子郊师。此外，大王再派一使者前往楚国，答应割让城邑给楚国，使楚国不再与魏国和好，魏国将更为孤立，此时我们再出兵收复边城，轻而易举。』

齐宣王问孙膑何人出使这几个国家最为合适，孙膑道：『禽滑聪慧过人，能言善辩，可出使楚国、韩国，他既能让反复无常的楚王，因贪利，再来一次反复；又可使老谋深算，犹豫不决的韩王看清利害，出兵相助。大王可命高大夫出使赵国，高大夫秉直的性格，很容易让赵王相信我们诚意。大王可命邹忌出使秦国……』

齐宣王不解，打断他道：『邹忌引咎辞职，他嘴上不说，心里非常不满，如果让他当使者，去而不返事小，若他有意坏寡人大事，如何是好？』

孙膑道：『邹忌在相国位置上发号施令多年，如今做普通百姓，很不习惯，他很想找个机会显示一下自己的才能，以期得到大王的赏识，再回朝中，大王若给他这个机会，他一定会尽心尽力。』

齐宣王道：『为何非给他这个机会不可呢？寡人完全可以派别人前往秦国。』孙膑道：『此次伐交，秦国最为重要，因为只有秦国方能与魏国抗衡，秦国出兵，才可使庞涓顾西而不能顾东。大王命失去相国职位的邹忌前往秦国，不用多言，秦王便可从中窥视到大王的胸怀，任何一个国君，只要不是糊涂的君王，都愿与胸怀大度的君王结盟，而不愿与斤斤计较的国家为伍，这是其一。其二，邹忌会尽最大努力游说秦王，这将使秦王感到，曾与大王为敌的人也如此全力为国，可见这个国家的朝政一定非常稳定，任何一个国家都不愿与危机四伏，动荡不安的国家结盟，除非这个国家另有所图。还有，邹忌说话滴水不漏，颇有大国使者的风度。所以，前往秦国，非邹忌莫属。』

齐宣王由衷赞成孙膑的宽大胸怀和用人之道。

齐国迟迟未出兵收复边城，庞涓估计齐国是打算派使者游说韩、赵、楚、秦等国，共同对付魏国，他对庞葱道：『这是孙膑惯用的伎俩，兵家称之为伐交……庞葱，你若是我，打算如何对付孙膑的伐交之策？』

庞葱道：『赵国与韩国惧怕叔父，叔父可派使者恐吓他们，若与齐国结盟，魏国大军将直逼他们的国都；楚王是个贪图利益又自命不凡的人，叔父可送给楚王珠宝与赞美之言，楚王就不会帮助齐国；秦国是一个贪得无厌的国家，韩国为成皋一战，送城邑给秦国，秦国还不满足，叔父可答应秦王共同瓜分韩国的土地，秦国必然不与齐国结盟。』

庞涓满意地笑道：『庞葱，你很有长进……不过，你太小瞧韩国与赵国了，孙膑为他们攻克上党，使韩赵连为一体，只是恐吓，阻止不了他们与齐国结盟，应该分而治之，对赵国可以恐吓，对韩国可以恩威并用，韩国的军队经孙膑训练之后，已非昔日那样不堪我们一击；而对秦国，轻易不要答应他们的条件，秦国一直想东进，不论你答应他任何条件，都无法满足他东进的欲望，只有以威相对。』

庞涓让庞葱出使韩国，他对庞葱道：『韩国对我们很重要，若说服韩国与我们结盟，秦国就不足为虑，若不能说服韩国，事情就有些麻烦。』

庞葱到达韩国的时候，禽滑也到达了韩国，齐魏两国的使者都是为结盟而来，韩王一时拿不定主意，他问朝中大夫们如何是好。

申大夫赞同履行与齐国盟约，反对与魏国和好，他对韩王道：『魏国野心勃勃，又言而无信。它一直想吞并韩、赵两国，只是东有齐国，西有秦国，才未能如愿，我们不能与这样的国家结盟。』

左大夫的意见与申大夫截然相反，他对韩王道：『我不否认魏国有野心，凡是大国都有野心，只要我们善于在大国间周旋，他们就无法灭亡韩国，我们之所以答应与魏国结盟，就是为了与其周旋，使魏国没有借口对我们用兵，否则，弄得太僵，魏国真对我们动用军队，齐国内乱不止，无力帮助我们，韩国将难以御敌。』

韩王不想与魏国对抗到底，又担心魏国言而无信，他想要一个两全其美之策。司马大夫道：『大王可告诉魏国使者，若让魏国的太子申来韩国做人质，韩国便与魏国结盟。太子申是魏王最宠爱的儿子，太子申做人质，魏国就不敢进犯韩国。』

庞涓本不想答应韩国苛刻的条件，但他听奸细说齐国出使秦国的使者是邹忌，便对庞葱道：『孙膑太会选人了，邹忌出使秦国，秦国肯定与齐国结盟，如果韩国再乘机兴风作浪，我们就难以对付了……先答应韩王的要求，以后再想办法让太子回来。』

韩国答应与魏国结盟，申大夫感到愧对孙膑和远道而来的禽滑，他特意向禽滑表示歉意。禽滑对他道：『孙先生本来就没指望韩国帮助齐国，只要韩国不出兵帮助魏国，我此行的目的就算达到了。』

申大夫道：『禽先生尽可放心，韩国虽未与齐国结盟，但朝中大夫，包括大王都把齐国当作友国，决不会出兵帮助魏国进攻齐国。』

禽滑道：『我说的出兵，不是指帮助魏国进攻齐国，而是帮助魏国对付秦国，如果秦国出兵攻魏，韩国不出兵相助，庞涓便东西不能两顾，我们就可以乘机收复边城，平息叛乱。』

申大夫有些为难，道：『秦国一向威胁韩国，如今仍占据着韩国的边城，大王做梦都想收回边城，魏国若与秦国交兵，大王非出兵不可。』

禽滑微微一笑，道：『收回边城，未必需要出兵，只要一句话，秦王就会将边城还给韩国。』

申大夫道：『请禽先生明示。』

禽滑道：『秦国出兵攻魏，必走函谷关，秦国兵出函谷关与魏军交战之时，韩国可屯兵秦韩边境，威胁函谷关，然后派人告诉秦王：若秦国归还韩国边城，韩国将按兵不动，若秦国不归还边城，韩国将出兵截断秦军的粮道与退路。秦国将不得不归还边城。』

申大夫赞叹道：『好，好一句话！禽先生的智谋，可与孙先生媲美！』

禽滑笑笑，道：『不瞒你说，这是孙先生的主意……来时孙先生让我告诉你，只要这次韩国不帮助魏国，韩国有难，齐国决不会袖手旁观。』

申大夫道：『请禽先生转告孙先生，只要能收回边城，寡君决不会帮助魏国。』

禽滑出使韩国干得漂亮，邹忌干得也很漂亮，秦国答应与齐国结盟，三十万军队出函谷关，进入魏国。

庞涓率魏国大军迎击秦军，决心与秦国军队一争高下。庞涓临行，仍惦记齐国的公子郊师，他嘱咐驻守齐魏边境的费将军：『宁可失去齐国边城，也不可失去公子郊师，只要公子郊师在，齐国就不会安宁。』

齐宣王决不会容公子郊师与自己分庭抗礼，他命田忌、孙膑立即收复边城、平息叛乱。齐太后听说此事，质问宣王道：『听说你又要出兵讨伐郊师？』

齐宣王解释道：『不是讨伐，是请郊师兄弟回到太后身边。』

齐太后冷笑道：『什么请，别糊弄我这个老太婆了，我心里明白……大王，我还是那句话，国家的事我不管，但你们兄弟之间的事，我不能不管，无论你有什么理由，也不能伤害郊师，你若伤害郊师，我就死在你面前。』

齐宣王道：『太后放心，王儿已经下命，只准收复边城，不得伤害郊师，伤害郊师者，将与郊师同葬。』

齐太后道：『田忌与孙膑若不遵命呢？』

齐宣王道：『违抗君命，就是死罪。』

田忌和孙膑指挥齐军将公子郊师盘踞的廪丘、范城、马陵分而围之。公子郊师依仗魏国的支持，负隅顽抗，命令叛军拼死守城，一场血战似乎在所难免。

田忌对孙膑道：『孙先生，边城内外，皆齐国士兵，有的人还是乡邻亲戚，若能兵不血刃收复边城，才是上策。不知军师可有妙计？』

孙膑道：『攻心。』

田忌道：『如何攻心？』

孙膑道：『凡有乡邻亲戚在城中者，让他们写一书信，信中除了叙旧，告诉城内的乡邻亲戚，弃暗投明者，我们将既往不咎，然后用弓箭将书信射入城中……』田忌道：『如此发信，信会落入他人之手。』

孙膑微微一笑，道：『我要的就是这种结果，如此一来，一封信将一传十，十传百，城内的叛军就都将知道我们的态度。《孙子兵法》上说：投之亡地然后存，陷之死地然后生。我是反其道而用之，让叛军有生路可走，求生是人的本能，只要有生路，多数士兵将无心守城，军心必然浮动，将军们就是有天大本事也无法控制军队，我们若此时攻城，即使不能兵不血刃，也将是轻而易举。』

田忌赞叹道：『好，一封书信，胜过十万大军！』

孙膑的攻心之箭纷纷落入叛军手中，果然一传十，十传百，守城叛军军心浮动，廪丘叛军逃兵过半，范城叛将开城投降。叛军首领高将军对公子郊师道：『孙膑攻心不攻城，说明他的确技高一筹……不过，同时也说明他对公子不敢轻举妄动。只要公子在，我们就有希望，公子不如做个人情，告示全军，愿意走的，可以走，愿意留的，随公子前往魏国，待庞涓大军凯旋，我们再卷土重来。』

公子不快地道：『我不去魏国！』

高将军道：『孙膑用兵如神，我们不是他的对手，我们应该先避其锋芒……』

公子郊师打断他，道：『你们都怕孙膑，我不怕，我就是要看看他有多大本事。』

高将军道：『公子，现在不是逞能的时候，如果此次兵败，公子即使侥幸不死，也不可能再集结这么多军队，更不可能夺取王位。』

公子郊师道：『躲到魏国就有可能吗？吃人家的残汤剩饭，看人家的脸色行事，被人家使唤过来，使唤过去，那种丧家之犬的滋味好受吗？』

高将军道：『今日听别人使唤，是为了将来夺取王位使唤别人……公子，成大事的人，要能忍耐屈辱。当年晋国的公子重耳，漂泊国外十数年，受尽困苦，吃尽屈辱，最终回到国家，不但做了大王，而且成了霸主，名留史册……公子为何不能成为第二个重耳呢？』

公子郊师道：『我真无法忍受魏国人盛气凌人的样子，尤其是庞葱……』

高将军道：『孔夫子有句话：小不忍则乱大谋。为了王位，公子就忍一忍吧……』

公子郊师最终听从高将军的劝告，率残部弃城而逃。齐国军队网开一面，放公子郊师一条生路。田忌有些遗憾，他对孙膑道：『如果不是大王有命，我决不放过公子郊师。』孙膑道：『他还要回来，下一次，他在劫难逃。』

恩威并施，收服南越

当初，隆虑侯周灶攻击南越，正好遇到暑热潮湿的天气，士卒们害了大瘟疫，军队无法越过山岭。一年多后，吕后去世，就停止用兵。南越王赵佗因此就用武力威胁、财物贿赂闽越、西瓯、骆等族，使他们都归附南越。拥有东西一万多里的土地，乘坐天子的车驾，悬挂天子的大旗，称号、制度都和中国相同。

汉文帝为赵佗在真定的亲人坟墓设置守邑，每年按时祭祀；并且召见赵佗的堂兄弟，给他们高官做，厚赐宠爱他们。又派陆贾出使南越，赐书信给赵佗说：『朕不是高皇帝嫡后所生，所以被安置在朝廷之外，在代奉守北面的边疆。由于路途辽阔遥远，消息不通，本性朴质愚笨，所以没有写信问候你。高皇帝离群臣而崩逝，接着孝惠皇帝也去世，吕后自己监临国家政事，不幸地生了病，诸吕乘机作乱，靠着功臣的力量，已把诸吕诛杀了。朕因为王、侯、吏等不应允朕的辞让，不得不立为天子；现在已经正式即位了。不久以前，听说你送将军隆虑侯书信，要求保护亲家、堂兄弟，并且要求免掉防守长沙的两位将军。朕为了你信里的要求，免掉了博阳侯陈濞将军，你在真定的亲人和堂兄弟朕已派人去慰问，并且整修好你祖先的坟墓。前几天听说你在边境发动军队，不停地侵略，为害百姓。在那时候，长沙百姓因战事关系，生活困苦，南郡尤其厉害；就是你自己的国家，也不可能得到什么好处吧！因为战事一发，一定会死伤很多士卒，伤害了良将官吏，使别人妻子成寡妇，使别人儿女成孤儿，使别人父母孤独无依；得到的好处只有一点点，而丧失的却有十倍，这种事朕是不忍心做的。朕原先想厘定和你百越相错的长沙土地，问主管的官吏，官吏说这是高皇帝当初为间隔长沙土地而划分的，既然这样，朕就不敢擅自改变了。现在朕纵使得到你的土地，也大不到哪里去；得到你的财物，也富不了多少。所以朕愿意划分五岭以南的地区，由你自己统辖。虽然你现在已号称为帝，但和朕两帝并存，没有一个使者来往互通信息，是会引起争执的；两帝争执不相退让，这是仁者不愿做的事。朕希望和你彼此放弃以前的嫌隙，从今以后，一直到永久，都能照常互通使者。』

陆贾到了南越。南越王很害怕，向陆贾叩头谢罪，愿意接受文帝诏令，永远做汉朝的藩臣，奉守进贡的职责。于是下令全国老百姓说：『我听说两雄不能够并存，两贤也不能够并生于世。汉朝皇帝是个贤明的天子。从今以后，我要除掉帝制、天子车驾、天子大旗等。』就写书信给汉文帝，内容说：『蛮夷大长、老夫臣赵佗冒昧而犯死罪，再拜上书给皇帝陛下，老夫原先是越的官吏，高皇帝赐给臣赵佗玉玺，封为南越王。孝惠皇帝即位时，为了道义，不忍心断绝对我们南越的照顾，所以赐给老夫很优厚的财物。吕后主政时，才把我们看成蛮夷，不和中国相等，颁出命令说：不要给蛮夷南越金钱、耕田器具、马、牛、羊等器具和家畜；就是要给予，也给公的，不要给母的。老夫的国家处在偏僻的地方，马、牛、羊年龄已老，将来死光了没有母的可繁殖。所以自己认为没有祭品不能修好祭祀之礼，会有该死之罪，就派内史藩、中尉高、御史平共三人上书给吕后谢罪，但都没有回返。只听说老夫的父母坟墓已毁坏铲平，兄弟宗族等以罪论死。所以老夫的官吏就相互讨论说：现在对内被汉朝所压制，不能振作奋起，对外无法表现本国的高人一等，和他国不同，所以更改名号为帝，自己做本国的帝王，并不敢做有害天下的事。但吕皇后听说老夫自立为帝，非常生气，削去南越的属籍（越本受汉封，汉把越看成诸侯王，所以属籍于汉），派使者去，也不能通达信息。老夫私下怀疑长沙王是个逸佞的大臣，一定是他在破坏老夫和汉的关系，所以就发动军队攻打长沙王的边境。老夫住在越已经四十九年了，到现在已经抱孙子了。可是仍然早起晚睡，睡也睡不安稳，吃也吃不出美味，眼睛不看细肤丰润的美女，耳朵不听钟鼓美好的乐音，原因是不能够事奉汉朝，心情不好的缘故。现在很幸运地陛下能够哀怜我们，让我们回复原来的封号，像以前一样地互通使者，而能够回复汉臣；老夫就是死了，名声也不会毁灭。老夫现在就改掉封号，不敢再称为帝了。』

第二十四计　假道伐虢

伐虢为名，巧取虞国

公元前658年（周惠王十九年，楚成王十四年）。

晋国大夫荀息在一日早朝出班奏曰：『请大王把我国所产所出的良马和垂棘所出的美玉赠送给我们的邻国虞国，以便借他们的通路去攻打虢国。』

晋献公满脸不高兴，说：『良马和美玉都是我国的珍宝，哪能就这样平平常常地送给虞国呢？』

荀息笑着说：『大王不必担心，如果我们能实现向虞国借道进兵虢国的话，这些珍宝就如同我们暂时存藏在外边的府库一样，是丢失不了的。』

晋献公明白了荀息的意图，但又忧虑地说：『虞国有个忠臣宫之奇，我怕他看透我们的计谋，阻拦这件事就坏了。』

荀息想了想说：『当然宫之奇会出来阻拦的，但这个人胆子小，不会强力劝阻，即便劝阻，虞公一旦主意拿定，也不会听的。』

晋献公大喜：『那好，请荀大夫明日起程，前往虞国借道，三军将士做好出征的准备。』

荀息到虞国后，拜见虞国虞公，虞公说：『荀大人此番来我国，不知有什么事啊？』

荀息说：『此次我受献公之命来贵国，代表大王向贵国表示祝贺。』

虞公惊曰：『这贺又从何说起啊？』

荀息十分诚心地说：『前不久冀国大逆不道，攻击贵国，先占颠轻，又占郓地，虞国军民奋起反抗，打败了冀国敌人。这完全依靠您的英明圣德啊！为此，我们大王特派我来虞国祝贺。还让我给您带来了我们国家的珍宝，请您笑纳。』

随后，荀息将良马和美玉献给虞公。

虞公高兴地围着良马看了又看，把美玉捧在手上，久久舍不得放下。

乘此机会，荀息又说：『我来之时，晋大王还有一事相求虞公。』

虞公爽快地说：『晋献公有什么事只管讲。』

荀息说：『现今虢国野心勃勃，不断遣派部队扰乱我国南方边境，为了保卫国土，我国决心同虢国交战，为此晋大王请求您能借给我们进军的道路以讨伐虢国。』

虞公听罢，哈哈大笑：『不就是借道伐虢国吗？我不但借道给你们，还可派十万精兵，为晋献公当先头部队。』

荀息喜出望外：『那我替晋大王谢谢虞公了。』

这时，宫之奇劝道：『大王，借道之事请先不要仓促答应，我们商量以后再告诉晋大王不迟。』

虞公满脸不高兴：『宫大夫不要再说，我主意已定了。』

这年夏天，晋国借虞道去伐虢国，虞公派出部队为晋军当先导，晋军很快占领了虢国的下阳。

公元前655年（晋献公二十二年），晋献公又向虞公借道进攻虢国。

宫之奇闻讯，赶紧进宫规劝虞公：『虢国是虞国的外围屏障，虢国灭亡了，虞国也必然会跟着遭殃。晋国借道之事千万不能再答应了！上次借道给晋国已是十分不当了。俗话说：辅车相依，唇亡齿寒啊！我们不但不能借道给晋国，还应该联合虢国去抗击晋国才是啊！』

虞公听罢，不高兴地说：『你一介文人，又懂什么？晋国与我国是一个宗族的人，是一个祖先，他们哪能欺凌侵害我们呢？』

虞公不听宫之奇的劝阻，再次许诺晋国借道进攻虢国。

宫之奇仰天长叹：『虞国的末日快到了！虞国将与虢国同归于尽了！』随即带领家眷逃往国外。

同年8月17日，晋军借道围攻虢国迁移的国都上阳。12月1日，晋军将虢国消灭，虢公逃奔洛阳。灭虢后，晋军回师，以休整为名，驻军在虞国。一日，乘虞公不备，发动突然袭击，轻而易举地将虞国消灭，从而一举灭虢、虞两国。

由于晋军占领了虢、虞，便控制了秦军东进的咽喉，对晋国与秦国后来的争霸产生了重要影响。

深谋远虑，消灭强敌

王国宝死后，司马道子好不容易才使王恭与殷仲堪罢兵归镇。风波暂时平息下去。但是司马道子的势力也大受削弱。司马道子的儿子司马元显年方十六，文辞俊美，颇有才干，当时官拜侍中。他对父亲说：『王恭、殷仲堪日益骄横，必为后患，应该暗中做些准备。』司马道子见儿子如此深谋远虑，非常高兴，便任命他为征虏将军，以徐州为驻地，配置文武官吏以及大批士卒，谋划讨伐王恭与殷仲堪。

公元398年，豫州刺史庾楷因司马道子割其辖内四郡，大为不满，遣其子庾鸿对王恭说：『司马道子任用王愉、司马尚之、司马休之兄弟，权势炙手，假借朝廷之威削弱方镇。前车之鉴，不可忘记。应当趁其谋议未成之机，早日下手除掉。』王恭以为其言有理，联络殷仲堪等人同攻京师。双方定计，以王恭为盟主，克期举兵。两路大军浩浩荡荡，直奔京师而来。八月，殷仲堪先锋将杨佺期、桓玄至溢口，击败王愉，将其擒获。

司马元显对司马道子说：『前此王恭兴兵，不加讨伐，遂有今日之祸，如果继续退让，下一个就轮到您遭殃了。』于是司马道子把讨伐王恭、殷仲堪之事，全都交给司马元显处理。九月，晋室以司马元显为征讨都督，卫将军王佺、右将军谢琰、谯王司马尚之各司其职，率兵参战。不料，官军小胜之后，白石一战大败溃退，形势对司马元显极为不利。

这时，王恭一伙内部也出了问题。北府兵将领刘牢之在王恭麾下素不得志。刘牢之部下多为北土人士，骁勇善战。王恭依靠刘牢之的支持，却不把他放在眼里。自从胁迫司马道子除掉了王国宝之后，王恭自以为才气地望无人可比，威无不行，战无不胜，把刘牢之当作自己的附属。刘牢之亦颇负才干，见王恭待其如此无礼，深怀愧耻。王恭举兵之初，刘牢之便劝谏说：『将军乃国之元舅；司马道子乃天子之叔。司马道子当国秉政，为将军除掉亲信王国宝，来书致歉，看来已经为将军所折服。割庾楷之四郡，与将军何干！』王恭不从其言，刘牢之更加怏怏不乐。司马元显知道以后，便派庐江太守高素前去游说，许诺刘牢之，一旦叛归朝廷，击灭王恭，便用刘牢之代替王恭的职位与名号。刘牢之动心，对其子刘敬宣说：『王恭过去蒙受先帝大恩，今为帝舅，不能翼戴王室，反而举兵进攻京师。我实在不清楚王恭心里到底打的什么主意。一旦攻入京师，还能臣服陛下吗？我打算奉国家之命，反戈一击，以顺讨逆，未知可否？』刘敬宣说：『朝廷虽无成康之美，亦无幽厉之恶。如今王恭举兵向阙，蔑视天威，与大人亲非骨肉，义非君臣，虽曾共事，而素不协睦。今日讨之，于情义何伤！』于是刘牢之决意叛附朝廷。

王恭听人报说刘牢之有叛志，不肯相信。自以为待其不薄，不至于此。于是设酒宴，当众拜刘牢之为兄，把精良装备，全部交给他。又命帐下大将颜延为前锋，率军急进。王恭此举，更勾起刘牢之的心腹之事。行至竹里，刘牢之杀死颜延，遣其子刘敬宣及女婿高雅之回师进攻王恭。王恭不备，士卒溃散，落荒而逃。后来被人擒住，押送京师斩首。王恭溃散，殷仲堪只好退军。

王恭败死，殷仲堪攻势受挫。司马元显又准备击灭殷仲堪，彻底消除后患。

右卫将军桓修献计说：『殷仲堪之兵，可以口舌破之。这些人倚仗王恭之势，意图跋扈。如今，王恭已灭，其心沮丧恐惧。如果以重利买通桓玄与杨佺期，二人必喜。桓玄可以牵制殷仲堪，杨佺期则可以倒戈击灭殷仲堪。』司马道子与司马元显依计而行，任命桓玄为江州刺史，以杨佺期为雍州刺史，贬殷仲堪为广州刺史，令其收兵。

桓玄与杨佺期追随殷仲堪，各有自己的打算。桓玄野心勃勃，杨佺期怀才不遇。两个人都企图借机发展自己的势力，问鼎朝廷。接到朝廷委任之后，殷仲堪大怒，桓玄与杨佺期心中暗喜，不肯听从其调度。殷仲堪百般威胁，才使残兵败将回到荆州。回到荆州以后，殷仲堪、桓玄、杨佺期，形成了新的联盟。殷仲堪有兵而无职，桓玄有职而无兵，于是桓玄成为盟主，联络各方势力，联名上疏，为王恭诉冤。司马元显暂时无力进攻荆州，只好为殷仲堪恢复原职。

与朝廷妥协以后，殷仲堪与桓玄、杨佺期又开始内讧。桓玄在荆州，恣为不法，殷仲堪左右早就劝殷仲堪杀掉他。后来，桓玄成为盟主，日益矜伐，对杨佺期百般裁抑。杨佺期心中怀恨，便密劝殷仲堪在盟誓之时，袭而杀之。殷仲堪害怕桓玄被杀，杨佺期不可控制，坚决不许。但是，嫌隙已成，不可弥合。三人各归本镇以后，殷仲堪又与杨佺期联姻，以为互援，牵制桓玄。桓玄处于其压制之下，恐为其吞灭，于是奏请朝廷为其扩大所辖地盘。司马元显正欲在他们之中制造矛盾，于是许诺，任命桓玄为都督荆州四郡军事，又命桓玄之兄桓伟代替杨佺期之兄杨广的南蛮校尉之职。杨佺期动其部伍，准备与殷仲堪奇袭桓玄。不料，殷仲堪虽与杨佺期联姻，还是对他不甚放心，坚决制止。杨佺期既不能独力攻灭桓玄，见殷仲堪从弟屯兵北境，不解其意，只好打消原意。

殷仲堪无谋少断，同盟叛离，亲信又不能用，实际上已经陷入孤立局面。公元399年荆州水灾，平地水深三丈，饥民遍地。桓玄欲乘机攻灭殷仲堪，发兵西上，写信给殷仲堪说：『杨佺期受国恩而图逆，天下共诛之。如今，我已屯兵江口，如果您同意，便应杀掉其兄杨广；如不肯相从，我便率兵来攻。』殷仲堪无计可施，捉住桓玄之兄桓伟，命其写信，要桓玄罢兵。桓玄不加理睬。殷仲堪派兵阻击，又屡被桓玄打败。殷仲堪请杨佺期来援，而无粮饷军。杨佺期大怒，冒险出战，结果被桓玄击败，单骑落荒而逃，遭擒被杀，传首建康。殷仲堪闻报，逃往长安，亦被捉住，桓玄逼其自杀，兄弟亲朋，多遭戕害。桓玄擢拜荆、江两州刺史，都督八州军事，权势日隆。

从司马道子、司马元显秉政以来，东晋朝廷内讧纷起，焦点人物层出不穷。其势力消长盛衰，令人应接不暇，眼花缭乱。而其中成败，无不在于用计之当否。假途伐虢，当时诸人几乎皆用此计，亦几乎皆中此计。利之所在，利令智昏；势之所存，有分有合。唯善用此计者，能高瞻远瞩，使人中计而不中人之计，削人之势、夺人之利而使自己利势双合。

第五章　并战计智谋典故

第二十五计　偷梁换柱

庄公设计，兼并三军

周桓王三年（公元前715），郑庄公假托周天子之命，纠合齐、鲁两国兵马前往攻打宋国。宋殇公听说郑、齐、鲁三国兵马入境，大惊失色，急忙召见司马孔父嘉问计。孔父嘉奏道：我已派人打听清楚，周天子并无讨伐宋国之命，齐、鲁两国是受郑庄公的欺骗才出兵的。现在三国合兵而来，其锋甚锐，不可与它正面争战，唯有一计，方可使郑军不战而退。殇公说：郑国明知今日攻宋，有利可得，怎会轻易退兵呢？孔父嘉说：郑庄公亲自出马，领兵攻打宋国，其国内防守必然空虚，因此，只要我们以重金收买卫国，要卫国联合蔡国，以轻兵袭击郑国本土，威胁郑都荥阳，这样，郑庄公就自然会退兵回援了；而郑兵一退，便群龙无主，齐、鲁两国兵马也不会再留下为郑国卖命了。宋殇公听从了孔父嘉的献策，并立即要他挑选二百辆兵车，带上黄金、白璧、绸缎，连夜赶往卫国，请求卫国联合蔡国出兵袭击郑国。卫宣公接受了宋国的礼物，果真派右宰丑领兵与孔父嘉会合，经由间道，其不意，直逼郑都荥阳城下，郑世子忽和大夫祭足急忙传令守城。这时，宋、卫的兵马已在郑都城外大肆抢掠，掳去了大量人畜辎重；接着，右宰丑便要趁势攻城。孔父嘉说：我们袭击荥阳得手，只是乘其不备，应该得利便止；如果继续留下攻城，万一郑庄公回兵救援，将会对我形成内外夹攻之势，那是很危险的；不如就此借道戴国，胜利回师；我估计当我军离开这里时，郑庄公的兵马也该从宋国撤退了。于是，按照孔父嘉的布置，宋、卫两国兵马向戴国进发，想从戴国假道。却不料，戴国国君以为宋、卫兵马是来攻打戴国的，便关上城门死守。孔父嘉大怒之下多次攻城，但总也攻不下来。

却说郑庄公领兵攻打宋国，本来是很顺利的。郑军大将颍考叔已攻破郜城，公孙阏已攻破防城，分别向郑庄公大营告捷。怎料到正想乘胜挺进之时，忽然接到世子忽从国内送来的告急文书，说是宋、卫两国兵马正进逼郑都。这时，庄公表面上不动声色，只教传令班师。当大军回至半路时，又接到国内送来军报，说是宋、卫军马已撤离荥阳城外，向戴国方向去了。庄公听到这一情报后，想了一下，便传令颍考叔、高渠弥、公孙阏、公子吕四将，将兵马分为四队，偃息旗鼓，转道向戴国进发。

再说孔父嘉、右宰丑率领宋、卫联军进攻戴国，又得到蔡国领兵相助，满以为一举成功，却忽然接到探马来报说，郑国上将公子吕领兵救戴，已在离城五十里处下寨。接着，又听说戴君得知郑兵来救，已经打开城门将郑军接进城内去了。这时，孔父嘉便对右宰丑说：现在戴国有了帮手，他们必定会合兵向我军求战，你我何不站在壁垒之上，观察城内动静，也好有所准备。于是孔、丑二将便一起登上壁垒，仔细观察城内情形，对着城内指手画脚。正在说话间，忽听一声连珠炮响，城上一时竟遍插郑军旗号，郑将公子吕全身披挂，站在城楼上，大声叫道：多多感谢二位将军费力，我们已经取得戴城了。原来这是郑庄公设的『偷梁换柱』计：假说是要公子吕领兵救戴，其实庄公就坐在戎车之中，只等进了城，便就势并了戴国之军，把戴君给赶走了。孔父嘉在城外见庄公不费吹灰之力便占了戴城，一时气愤填膺，决心要与庄公决一死战。当他正在心中筹划之时，忽报：城中派人来下战书。孔父嘉当即批复来日决战，并约会卫、蔡两国，将三路军马，齐退后二十里，以防自相冲突；由孔父嘉领军居中，蔡、卫军分列左右，三支军队相距不过三里。如此部署之后，各军遵令行动。刚把寨营安好，忽听寨后一声炮响，火光接天，都说是郑兵到了，孔父嘉认为这是庄公使的疑兵计，命令全军不许动乱！不一会儿，左边火光又起了，而且喊声震天，探马来报，说是左营蔡军被劫。孔父嘉叫继续挥军向左，慌忙间迷失了方向，遇上一队兵马便互相厮杀起来，结果发现竟是卫国的人马，于是两军合在一起，赶回中营，谁知中营却已被郑将高渠弥占了，且左有公孙阏，右有颍考叔领兵杀到，一直杀到天亮，孔父嘉无心恋战，夺路而走，遇上高渠弥，又杀了一阵，孔父嘉弃车徒步，跟随的只有二十余人，右宰丑阵亡，余下的三国兵马辎重，全被郑军俘获，就这样，郑庄公用『偷梁换柱』计既得了戴城，又兼了宋、卫、蔡三国之师。

以假乱真，蒙混过关

伍员，春秋时楚国人，字子胥，后世提到他，一般都称呼他的字，即伍子胥。伍氏乃楚国世家望族，伍子胥的父亲名叫伍奢，是楚平王太子建的太傅；伍子胥的兄长名叫伍尚，为棠邑大夫。楚平王七年（公元前522），楚平王夺去太子建所宠爱的秦女占为己有，并废太子，太子建逃往宋国。太子太傅伍奢进言劝谏，楚平王大怒，将伍奢及其长子伍尚杀害。

原来，楚平王听信奸臣太子少傅费无忌谗言，想把伍奢父子三人一起杀掉。但伍子胥为人机智刚勇，楚平王派人来逮捕他，他贯弓执矢，怒向校尉，校尉不敢进前，他乘势逃走，决心待机为父兄报仇雪耻。

伍子胥得知太子建在宋国，便前往跟从他。两人又由宋逃到郑，由郑逃到晋。太子建与晋顷公合谋妄图灭郑，事情败露，太子建被杀。伍子胥带着太子建的遗孤公子胜向吴国逃奔。

二人昼伏夜行，来至楚、吴交界地面的昭关（今安徽省含山县西北）。昭关地势险要，可谓一夫当关，万人莫开。为捉拿伍子胥，楚平王派大将在此镇守，悬挂着伍子胥画像，严格盘查过往人等。伍子胥二人来至昭关附近，遇上隐居此地的神医扁鹊的徒弟东皋公。东皋公侠肝义胆，嫉恶扬善，在昭关曾见过伍子胥的画像，因此认出眼前的逃难者便是伍子胥，对他很是同情。他告诉伍子胥说，关上检查甚严，你这样过关，等于自投罗网。因此将他们请到自己家中，并表示一定想方设法帮他出关。

伍子胥在东皋公家住了几天，东皋公还没把出关的计谋策划出来，只是每日美食款待。伍子胥见出关无望，心急如焚。这天夜里，他忧心忡忡，焦躁不安，辗转反侧，难以成眠。由于极度地忧愁和悲伤，一夜之间，正当壮年的伍子胥的满头乌发全变成了白发，像换成了另外一个人。第二天清晨，东皋公见状，又惊又喜，祝贺伍子胥命运有了转机。他对伍子胥说，你的相貌改变了，检查的人很难认出来，我现在有了保你蒙混过关的好办法。

东皋公有一位好朋友叫皇甫纳，长得与伍子胥相像。东皋公将皇甫纳请来，给他穿上伍子胥的衣服，装扮成伍子胥的样子；同时将伍子胥装扮成仆人的样子，又用药汤给他洗脸，改变了皮肤的颜色。乔装打扮之后，一行人黎明时分行至关前。正如所料，守关军兵把皇甫纳误认为伍子胥，抓了起来。守关将士们听说抓到了伍子胥，喜出望外，争相观看，便忽视了对其他行人的盘查。于是伍子胥和公子胜乘着守军丧失警惕和秩序混乱之机，夹杂在行人之中，混出关去，逃出虎口。

伍子胥入吴后，辅佐阖闾夺取王位，整军修武，国势日强。不久，带兵攻破楚国，因军功，封于申。因此又称申胥。

过关入关，是伍子胥一生事业的重要转折点。而东皋公之所以能够使伍子胥渡过『水泄不通，鸟飞不过』的难关，靠的就是『偷梁换柱』之计，即用皇甫纳做替身，偷换伍子胥这棵『梁柱』，以假乱真，渡过难关。

计谋的运用，并非全然随心所欲，它也要受客观条件的制约。东皋公之所以高明，在于他在实施『偷梁换柱』之计的过程中，既及时地捕捉和利用有利的客观条件（如伍子胥头发的变白和皇甫纳与伍子胥的相像），又积极发挥主观能动性，人为地制造假象（如改变二人的装束等），终于骗过敌人，赢得胜利。

抽其劲旅，大败敌方

袁绍，东汉末年汝阳（今河南商水西南）人，字本初，出身四世三公的名门世家。在割据混战中，袁绍迅速扩展了自己的力量，拥兵数十万，占据冀州（今河北省中南部）、青州（今山东省东北部）、幽州（今河北省北部）、并州（今山西）四州六地，可谓地广、兵多、粮足，是当时实力最为强大的军阀割据势力。而黄河以南的曹操却是他图谋称霸天下的最大障碍，因此自恃兵强势大，于建安四年（公元199）夏季，亲率精兵十万，战马万匹，向南进发，决心一举灭曹。

说起曹操，已是家喻户晓，用不着多做介绍。面对着袁绍气势汹汹的进攻，曹操处于被动挨打的地位。这时的曹操虽然靠收编黄巾军和征服吕布、袁术等割据势力而建立了自己的军事力量，并挟持汉献帝迁都于许（今河南许昌），但与袁绍相比，在实力上处于劣势。曹操不仅兵力不足，而且他所占据的黄河以南地区连年战乱，残破不堪，物资匮乏。因此如何变被动为主动，变防御为进攻，在不利的态势下以弱胜强，就是摆在主帅曹操和众高参面前的难题。

建安五年（公元200）二月，袁绍派遣大将淳于琼、颜良和谋士郭图进军白马（今河南省滑县北，时为黄河分流处），围困曹操的东郡（今河南省濮阳地区）太守刘延，自己率领大军进至黎阳（今河南省浚县东，为黄河北岸古津渡口），准备渡河直捣许都，由此拉开了著名的官渡（今河南省中牟东北）之战的序幕。

东郡地区是曹军的北部屏障，一旦失陷，袁军就会以此为缺口，挥师南下，因此曹军势在必守。四月，曹操亲统大军北上解救白马城之围。针对战局态势和袁绍志大才疏、骄横轻敌的特点，曹操与谋士们对战略战术做了周密的策划。著名谋士荀攸献上『偷梁换柱』之计。荀攸，字公达，颍川颍阴（今河南许昌）人，出身士族，跟随曹操从征张绣、吕布、袁绍等，屡献奇谋，被任命为尚书令，在征伐孙权途中病故。这时，他向曹操进计说，敌强我弱，不能硬拼，只有先设法分散它的兵力，调开它的主力，才能扭转局势，取得胜利。他提出的具体方案是，请曹操亲率队伍直奔延津（今河南省延津北），伪装成要渡河北上进攻袁绍后方的架势，袁绍见状必然会分兵前来迎战，这时曹操再挥戈东向，飞奔白马，出其不意，袁军可破。

曹操采纳了荀攸的计谋，向白马以西的延津进发。在延津渡口，曹操布置军士、民众赶造船只，制造即将渡河的假象。袁绍闻报，惊恐异常，急忙率领主力部队向延津移动，只留下颜良继续围攻白马。曹操见调动敌方精锐、分散敌方兵力的策略已经见效，便掉转兵锋，与袁绍相背而行，日夜兼程，向白马挺进。曹军神出鬼没，已经逼近白马城，颜良方才发觉。颜良部队惊慌失措，仓皇迎战。而且由于主力已被袁绍带走，颜军势孤力薄，军心涣散，腹背受敌，被曹军打得大败，主帅颜良也被曹军大将关羽斩首。

曹操白马大捷后，仍不与袁军主力硬拼，率部沿黄河南岸向西撤退。袁军南渡贡河，追杀而来。曹操撤至延津以南，见袁军大将文丑追军将至，便命令部队解衣卸甲，依山安营扎寨，又下令卸下马鞍，放掉马匹，并将辎重粮草放置山下营外，诸将不解曹操之意，只有军师荀攸心领神会，知道曹操在诱敌上钩。文丑有勇无谋，又急于为颜良报仇，头脑发热，果然中计。袁军开到，争抢辎重粮草、车辆马匹，队伍一片混乱。曹操见战机已到，命令曹军突然从山上冲下，猛烈出击，袁军被打得落花流水，大将文丑也被关羽斩于阵前。

颜良、文丑都是袁绍的名将，二将的阵亡大大削弱了袁军的实力。延津战后，曹军又主动撤退，退至官渡坚壁待战。曹军白马、延津大捷，为官渡之战的最后胜利奠定了坚实的基础。

曹操白马之战是运用『偷梁换柱』之计取胜的有名战例。如果不是使用『偷梁换柱』之计，而是直接去解白马之围，那么袁绍必将率主力前去增援，与原来围攻白马城的颜良会师，合力攻击曹军，这样曹操就会腹背受敌，在整体上处于绝对劣势。

第二十六计　指桑骂槐

齐楚相争，问鼎中原

春秋五霸之一的齐桓公任用管仲为宰相，治国有方，国富兵强，正想问鼎中原。这时，楚成王杀了淫乱宫女的令尹子元，新任命了斗谷于菟为令尹。斗谷于菟字子文，文武双全，执法严明，并能以身作则，又善于用人，深受楚国人的爱戴。他精心治理国家，改革弊政，首先提出：凡受封者要以半数采邑归还国家，不致使朝臣势力强大而削弱君权。并立即从他自家做起，其余的人不敢不遵守。他又将国都从丹阳（今湖北秭归）迁郢（今湖北江陵），因为郢地可以北控长江、汉水地区，南指湘江流域，是古代兵家必争之地。

子文提倡练兵习武，注意选拔人才，以屈完为大夫，以斗章统率军旅，楚国日渐强盛。

楚国的强盛对齐国想称霸中原，当然是个威胁。于是，在公元前681年3月，齐桓公借周天子的名义，邀宋、鲁、陈、蔡、卫、郑、曹、邾（春秋邾国，战国时改为邹）八国会盟于北杏（在今山东东阿县境），想定盟称霸，并以此威慑楚国。但仅有宋桓公御说、陈宣公杵臼、邾子克（邾国是子国，名克）、蔡哀侯献舞来会盟。会盟时，齐桓公约定共同出兵伐不尊王命、不来会盟的鲁国。宋桓公不同意，不辞而别。齐桓公又主张先伐宋，管仲建议：『宋远而鲁近，且王命会盟，鲁抗命不到，不先伐鲁，何以服宋？』因而准备伐鲁。管仲又建议用计慑服鲁国而免动干戈。齐桓公问计，管仲说：『济水东北有一遂国，是鲁国之附庸国，国小且弱，可一举而下。齐攻入遂城（今山东肥城南），鲁国必然害怕，鲁惧必来求我会盟，我可以因此而答应它。宋国见鲁国与我定盟，鲁已服齐，宋亦必然惧我。这就是攻伐一个遂国，而可制服两国矣！此为指桑骂槐的计谋。』齐桓公听管仲说出此计，竟能制服两国，连连称善，就按计而行。

很快，遂国陷落，鲁君害怕，果然遣人送书请求到齐国境内会盟，于是盟于柯（今山东东阿县西南）。会盟后，齐桓公将原来侵占鲁国的汶阳田，退还鲁国，四方诸侯都认为齐国很讲信义。

公元前680年，齐桓公准备伐宋，卫、曹二国为齐国的威力所慑，自动请盟，卫、曹出兵助齐伐宋。时齐桓公于路途中收得谋士戚宁，拜为大夫，戚宁愿以三寸之舌说服宋桓公与齐会盟。戚宁到宋晓以利害关系，宋桓公果然派遣使者随戚宁到齐军中请和。

继而，齐桓公又帮助郑厉公子突复国，于是齐国深受他国的尊敬。公元前679年，齐大会诸侯于幽（今北京城西南），参加会盟的有：宋、鲁、陈、卫、郑、许诸国，齐的霸业初步奠定。

这时，齐国称霸的主要对手就是楚国了。因而齐桓公与管仲再次商议争霸中原的对策。桓公想以『方伯』（一方之长）的名义，号召诸侯起兵，共同伐楚。管仲说：『楚为南方大国，江汉一带以至南海，为它所有。因能励精图治，所以国富民安，僭号称王。周天子尚不能控制，如用诸侯的军队讨伐他，不是良谋。今天许多小国刚刚慑服于齐国，应当广积威德，不可动辄兴兵，使诸侯不为我用。等待楚国内乱，再借故讨伐，方为上策。』

齐桓公一心想以军威提高霸主的地位，只是见管仲提出的意见有理，方才作罢。沉思良久，才又生一念：不如先讨伐齐国西南方的鄣国（在今山东平阴，一说在今山东诸城）为宜。鄣国为姜太公的子孙，齐国亦是姜太公的后代，故管仲说：『鄣是小国，且又是太公的支孙，灭同姓，是为不义。』管仲想了一会儿又说：『鄣国与纪国毗邻，鄣是纪的附庸国。纪国在齐襄公时，已被攻灭，今可派王子成父率大军巡视纪城，表示将要加兵于鄣国的样子，鄣必畏惧而来降齐。是无灭亲之名，而有得地之实矣！』齐桓公闻之大喜，又按计行事。

纪国与齐国九世有仇，两国交兵，由来已久。这次齐桓公因欲扩张土地，即命王子成父率三百乘战车，向纪城开进，目的在于：大军巡视纪国，降服鄣国。在纪城时，王子成父扬言：『今我桓公多次与诸侯会盟，周天子对他尚且畏惧三分，言无不从。有些小国，还是一个同姓之国，处在齐的眼皮底下，竟敢目无桓公，如再不醒悟，大军到境，将要被踏成齑粉。』鄣国国君闻此言，忙召大臣商议对策：『今齐将王子成父，兵巡纪城，扬言灭鄣，如之奈何？！』众大臣都是只顾家小，不管国亡的小人，就众口同声说道：『齐桓公创建霸业，中原大国尚且岁岁朝贡，我鄣国小城，若与它抗争，无异鸡蛋碰石头，不如请降，尚可保存宗庙，否则国灭人亡，望主公决策。』郭侯无奈，只好叫人将国中地图绘就，土地、人口清册整理，一并送给桓公，表示愿意投降。齐桓公当然大喜，对众大臣说：『相国谋略，百无一失，真乃寡人之肱股，他的功劳可不小啊！』

优孟装扮，巧计行谏

优孟是楚国宫中的老伶人，身长八尺，擅长言辞论辩。他平日善以滑稽的言辞来说三道四，所以很得楚庄王的宠信。当时，楚国的贤相孙叔敖刚刚去世，楚庄王很怀念他，十分悲伤。有一天，优孟到郊外去，见到孙叔敖的儿子孙安，正在山上砍柴，衣衫褴褛。问起是怎么回事，才得知因为家中贫困，所以孙安要靠砍柴度日。优孟心里很不是滋味。于是他回家后，特别制作了一套孙叔敖曾经很喜欢穿的衣服，戴着孙叔敖常戴的那种帽子，并且模仿孙叔敖的音容笑貌和一举一动，一直到学得惟妙惟肖。后来在楚庄王的宴会上，他就装扮成孙叔敖的样子去赴宴，并上前给庄王敬酒。楚庄王大惊，以为是孙叔敖真的复活了。这样一来，楚庄王更加想念他的贤相孙叔敖了。他甚至想要拜优孟为相。这时优孟对他说，让他回家和妻子商量一下再决定，三天后再来任楚相。庄王同意了。三天后，优孟来见楚王，庄王问：『你妻怎么讲？』优孟说：『我妻子说千万不要出任相国，楚国的相是不值得做的。说孙叔敖做了十多年的相国，一生廉洁尽忠来治理楚国，楚国才得以称霸。可是他死后，儿子没有立锥之地，还要上山去砍柴才能维持生计。说你要是做相国，不如自杀！』这番话使楚王听后猛醒，立即下令派人去召孙安入朝，封给他寝丘四百户，作为供奉孙叔敖祭礼的费用。

孙叔敖是司马迁《史记》中记载的第一位清官，他是楚国著名的贤相。他在位时，对内曾经规划开凿了芍陂河工程，开辟了雩娄的田地，发展农业灌溉，整顿吏治，发展生产。对外则辅佐楚庄王，在邲大败晋军，奠立了以楚代晋称霸的基业，功劳大焉。而他为人又自奉极俭，因此身后没有财产留给后人。优孟在得知他的儿子靠砍柴度日这一情况后，并不是直接去找楚庄王指责他，而是巧妙地运用了指桑骂槐之计，装扮成孙叔敖，通过拒绝任相来表达出孙叔敖为相十几年，而后人却窘于生计的状况。这样使楚庄王触景生情，不需要更多的话语，马上就使楚庄王能够猛然醒悟。试想优孟是一个微不足道的戏子，他虽能得到楚王宠信，但对于楚庄王应该封赐相国之后这样的事，是不能直接加以指责的，即使是当面指出，也要考虑大王的面子。所以优孟想出运用指桑骂槐之计，以假乱真，使楚王认识到，像孙叔敖这样一生为官清廉是很难得的，他没有照顾好孙叔敖的家属是一件过失。这样，达到了进谏于楚庄王的目的。

还有一次，楚庄王有一匹心爱的马，庄王给它穿华美的衣服，住华丽的房子，睡露床、吃枣脯。可马因为养得太娇嫩、太肥而死了。楚庄王命令群臣为马服丧，想用葬大夫那样的棺椁和礼节来安葬死马。大臣们都诤谏劝阻，庄王不听，并且下令：『谁敢因马的事来劝谏的，处以死刑。』优孟听说这件事，他就进入宫门，仰天大哭。庄王惊问：『你为什么哭？』优孟说：『这匹马是大王最钟爱的。凭着楚国这样堂堂大国，仅仅用大夫的礼节来殡葬它，礼太轻了，该用国君的礼节来殡葬它。我请求用雕有花纹的玉做棺，用梓木做椁，差精兵为马挖墓穴，老人和小孩背土修坟。让齐国、赵国使臣祭奠时陪于棺前，韩国、魏国的使臣护卫棺后。为死马立庙，使它享受太牢的祭礼，以万户之邑的赋税收入，来供它日常祭礼的费用。诸侯们听说了，必然都知道大王把人看得很轻贱，而把马看得多贵重啊！』庄王听了这番话，说：『我的过失竟达到这种地步吗？那该怎么办呢？』优孟说：『请大王让我把它作为畜生来安葬吧。』于是庄王就命令把马交给太官，不让天下人传扬这件事。楚庄王贱人重马，群臣直言诤谏无效，优孟用巧妙的讽谏，使楚王取消自己的错误决定，优孟用的也是指桑骂槐之计，归谬法，好比递给庄王一柄特制的放大镜，让他清晰地看到自己的行为是多么荒唐可笑，促其猛然省悟，立即纠正。而楚庄王就是曾经在即位之初，不理政事，而后一鸣惊人的聪明洞察之王。他本人就很有心计，所以对优孟这个巧妙运用计谋的戏子自然非常欣赏，而且很快就能心领神会。

善于讽谏，晏子计高

指桑骂槐体现一种间接批评艺术。这种批评手法，往往令人比较容易接受。或者不点名地指责某人，甚至通过寓言或讽刺挖苦，语言犀利但又委婉，采用善意的帮助态度，往往能取得较好的效果，特别是用讽刺，即以微言讥讪，是指桑骂槐的最高技巧，也含有深刻的教育意义。春秋末期的晏婴也是善于用讽谏这种指桑骂槐之计的，和优孟异曲同工。

有一次齐景公让养马人给他养一匹他最喜欢的马，不料这匹马突然死了。景公大怒，让人拿刀把养马人肢解掉。这时晏子正在景公面前陪侍。左右拿刀进来，晏子阻止他们，问景公道：『尧、舜肢解人体，从身上哪一部分入手呢？』一听这话，景公明白了晏子的话意，尧、舜是古代明主，他们从来不用酷刑。便下令不肢解，让把养马人交给狱官处理。晏子说：『他还不知道他的罪过，就要死了，请让我数数他的罪状。让他明白他犯了什么罪，然后再交给狱官。』景公说：『可以。』晏子就数落说：『你知道你有三大罪状，应判死刑：君王让你养马，你却把马养死，这是死罪之一；你把君王最爱的马养死，这是死罪之二；你让君王为一匹马的缘故而杀人，百姓知道了肯定会怨恨国君残暴，诸侯们听到这样重马轻人，肯定会轻视我们国家，甚至加兵于我们。你让君王的马死掉，使百姓积下怨恨，让我国的国势被邻国削弱，这是死罪之三。你有这三条应判死罪的原因，你是该死了，就把你交给狱官吧。』景公听了这些话，猛然醒悟，急忙说：『放了他吧，不要为此坏了我仁义的名声。』

公元前531年，晏子奉齐景公之命，出使楚国。楚灵王以南方大国自居，没把齐使放在眼里，并有意借此羞辱齐使一番，以显楚威。他得知晏子身材短小，特在郢都城门旁开了个五尺左右的洞，让晏子从洞进城。晏子大声呵斥道：『出使到狗国，才从狗门进，今天我出使到楚国，不应从这种门进。』楚王一听，急命军士开城门迎接。晏子一进郢都，又遭各种刁难。先是一群状如天神、手执兵器的大汉来迎，以反衬晏子的矮小；后又有一班智能之士出来戏弄，讽刺齐国，指责晏子，甚至挖苦说晏子身高不足五尺，力不能缚鸡，只会耍嘴皮子卖乖，等等。晏子都从容应对，言辞犀利，鞭辟入里，把这班大臣驳得哑口无言，满面羞惭而退。觐见楚灵王后，楚王又亲自出马捉弄他。楚王轻蔑地说：『难道齐国没有人了吗？怎么派你来当大使？』晏子反唇相讥说：『临淄城有七千五百多人家，人人撑开衣袖就成了阴凉棚，每人挥一把汗，全城就像下雨一样，人们肩碰肩，脚挨脚，怎么说没有人呢？』楚王说：『那为什么派你出使楚国呢？』晏子回答说：『我国派遣使臣有个规矩，什么样的人出使什么样的国家。有贤才的出使上等国，不才的人出使下等国，大人出使大国，小人出使小国，我最无才最没出息，所以只能出使楚国。』几句话羞得楚王面红耳赤。接着，楚王招待晏子喝酒。在喝到正高兴的时候，两个差吏绑着一个人走到楚王面前。楚王问：『捆绑的人是怎么回事？』回答说：『是齐国人，犯了偷盗罪。』楚王看着晏子问道：『你们齐国人善于偷盗吗？』晏子离开席位回答说：『我听说橘树长在淮河以南，就结橘子，长在淮河以北就结枳子，只是叶子相似，两者的果实味道并不相同。这是什么原因呢？是水土条件不一样。今天这个人生在齐国不偷盗，进入楚国就偷盗，莫不是楚国的水土使百姓善于偷盗？』这幕戏是晏子来楚国前，楚王和侍臣策划来羞辱晏子的，没想到得到这种结果。楚王技穷，只好向晏子赔不是说：『我原来想取笑大夫，没想到倒被大夫取笑了。』

又有一次，晏子出使到吴国，骄横的吴王自诩为天子，命令引导宾客的小吏说：『晏子要见我时，就喊天子请见。』第二天晏子有事要见吴王，主管外交事务的官员说：『天子请见。』晏子当即表现出吃惊的样子。那人又说：『天子请见。』晏子仍然表现出惊异的样子；当第三次听说：『天子请见』时，晏子又第三次表示大为惊骇，说：『我奉国君之命，出使到吴王这里。是我不聪敏而感到迷惑不解，难道这是进入了天子的朝廷？请问吴王在哪里？』这之后，吴王方说『夫差请见』，用诸侯之礼接见了晏子。

从以上这几个事例可以看到，晏子在各种场合，屡次巧妙地运用了指桑骂槐之计中的间接批评方法，广泛地施展了他的广识通变之才，以睿智善辩的口才，赢得了威望，使他成为春秋时期最出色的政治外交家。

晏子名婴。他出仕齐卿，先后从政五十六年，历事齐灵公、齐庄公和齐景公三朝，史书记载他善谏，每朝必谏，进忠极谏，给后世留下一个贤臣诤臣的形象。晏子善用指桑骂槐之计，很讲究进谏的方法策略，语智、善辩，善于运用犀利明快的语言技巧。当然这也在一定的环境背景之下。晏子出使楚国，正是楚灵王时期，楚国兵强马壮，大挞征伐。各诸侯国畏惧楚国之威，纷纷主动与楚国改善关系。这时晏子出使楚国，楚国君臣听到这一消息，依仗自己的国势强威，所以表演了一系列的戏弄晏子的计谋。但是晏子不卑不亢，从容应付，运用语言的艺术，战胜对方。他是代表齐国出使楚国，对楚国君臣的一系列恶作剧，他不能直接批评和谩骂。处在诸侯混乱、群雄逐鹿的东周列国时代，晏子深知自己的处境，如果一生气冲动起来，说了不该说的话，完全可能导致一场战争。所以他必须用计进行外交斗争。当时的齐国和楚国之间，虽然不处在交战状态，却存在着利害冲突。以国力而言，当时于齐国不大有利。因为齐国是个贵族专政的国家，大贵族之间不断为争权夺利而互相倾轧，制造内乱，政权不稳。所以晏子对楚国君臣运用的指桑骂槐之计，丝毫没有火辣辣的火药味，只是做到针锋相对，寸土不让。楚国企图以开玩笑的方式，来戏弄晏子，晏子也用笑谈隐喻的方式进行反击。当楚王使人伪装齐盗，且当晏子的面辱骂齐人时，晏子则巧妙地用果树异地的自然现象为类比，说明了齐人入楚则盗的道理，既巧妙地揭穿了楚王君臣的把戏，又给对方以有力的回击。晏子先迂回后反驳，使楚王无法逃避，自讨没趣，终于不得不向晏子赔不是。这样，晏子凭睿智和胆识，在谈笑风生中，用微言浅谈，解决了繁难的纷争，获得了骂槐的效果，维护了齐国和自身的尊严，不辱使命，同时也赢得了楚王的敬重。通过他的出色的外交活动，不仅改善了两国关系，而且提高了齐国威望。出使吴国时，野心勃勃的吴王，竟然以天子自称。企图以此抬高自己，贬低齐国。晏子以计提醒吴王，两国是平等关系。难怪有人说『外交斗争搞得好，有时能达到不战而屈人之兵』的目的，其作用胜似千军万马。

至于晏子救养马人的事例，那表面上数的是养马人的罪，实际上骂的是齐景公的重马不重人。因为君王是不便直接骂的。在这里他首先发出无答之问，提醒景公，有道之君，不会有肢解人的残暴行为。然后用数罪的方式，暗示杀人的反效果，正面文章反面做。景公听出了弦外之音，立刻放了养马人。这里晏子在智慧妙语之中巧用指桑骂槐之计，可谓达到了最高技巧。

第二十七计　假痴不癫

装疯卖傻，箕子避祸

箕子是商朝末年国君纣王的叔父，纣王即位不久，开始使用象牙筷子，箕子看见后，就说：『用象牙做的筷子，那就一定不会再用泥土烧制的器具，而是要用犀玉之杯了。用象牙筷子和犀玉之杯，也一定不再吃粗茶淡饭，穿什么粗布短衣，而住在简陋的茅屋之下了。肯定要追求锦衣玉食，高台广室，以此作为标准，物质的追求是无穷无尽的。从此以后，我恐怕他要走上绝路了。』

箕子真是见微知著，纣王果然荒淫无度，他与宠妃妲己过着『酒池肉林』『为长夜之饮』的腐朽生活。纣王常常喝得天昏地暗，酩酊大醉，甚至连年月日都忘得一干二净，不知当天是哪月哪日，就问左右的人，左右的人都回答：『不知道。』纣王就派人去问箕子，箕子想了一下，回答说：『我喝醉了，也搞不清今天是什么日子。』使者走后，他的弟子问箕子：『先生明明知道今天是什么日子，为什么说不知道呢？』箕子说：『作为天下之主，而使一国失去了时间的概念，天下已到了危急的时候了。但是举国的人都说不知道的事情，唯独我一个人说知道，那我岂不是危在旦夕了吗？所以我推说喝醉了酒，也不知道。』

从这件事可见箕子提防纣王对自己起疑心，已是处处明哲保身了。

纣王晚年变得更加残暴，制定『炮烙』之刑来镇压人民的反抗，还文过饰非，拒斥劝谏，对宗室重臣，同样无情打击。纣王的庶兄微子对这些情况看不惯，多次劝谏他，他根本听不进去。微子为了躲避灾祸，就忧愤出走了。

纣王的另一个叔父少师比干，认为做臣子的不能不冒死劝谏，于是他苦苦规劝纣王，一连谏了三天不离开，纣王恼羞成怒，命令武士将比干处死，还把他的心剜出来看，说：『比干自以为是圣人，我听说圣人心脏有七窍，我倒要看看他的心是不是有七窍。』

纣王的残暴着实令人恐惧，箕子也担心纣王要对自己下毒手，于是他假装疯狂，披头散发，胡言乱语，一点太师的尊严也没有了。他还颠倒行事，大夏天，别人穿着单衣尚嫌热，他却穿着破棉袄，畏缩在火炉旁，不住打战，口里喊着：『冷啊，冷啊。』箕子完全像个疯癫之人。即使如此，纣王还是把箕子关进了大牢。

商朝西边有一个诸侯国叫周，周武王即位以后，招贤纳士，励精图治，使国家很快兴盛起来，武王见商纣王倒行逆施，人民在水深火热之中挣扎，大臣和诸侯与纣王离心离德，感到灭商的时机已经成熟，他与谋臣吕望商议，率领三千勇士、四万五千甲兵，联合八面诸侯，大举讨伐商纣王。纣王发兵在都城殷的郊外牧野抵抗各路诸侯，但士兵们都恨透了纣王，阵前倒戈，反把周兵引入都城。纣王众叛亲离，于是穿上漂亮的衣服，登上豪华的宫殿——鹿台，自焚而死，这个玩火者终于得到了应有的下场。

周武王亲眼看到纣王因暴政失去天下，注意吸取前朝灭亡的教训，因此减轻了政治迫害，对关押在牢狱里的人实行大赦，被羁押几年的箕子总算是得到了他所渴望的自由。

箕子是第一个有史书记载的成功运用假痴不癫的政治家，他凭着自己的政治才能，很早就敏锐地从小事看出了纣王必将走向灭亡的道路，但他又回天乏力。比干等人的赤胆忠肠，到头来只落得个剖腹剜心的悲惨下场。鉴于前车之覆，为了保全自己，箕子想出了假痴不癫的奇计，把自己伪装成一个疯疯癫癫之人，目的是为了逃避纣王的迫害，纣王虽然把箕子囚禁了起来，但也没有进一步迫害，最终，箕子还是被周武王从狱中释放，实现了死里逃生的目的。

佯作疯癫，孙膑脱险

年轻时的孙膑与庞涓，都投在鬼谷子门下学习兵法，两人不仅是同窗好友，还曾结为八拜之交。可是庞涓表面上与孙膑交好，为人却刻薄妒忌。他自知自己的才能远逊于孙膑，所以暗地里早就妒火中烧。学成之后，庞涓先下山到魏国做了将军，深得魏惠王的宠信，声名显赫起来。这时墨子周游列国到了魏，在魏惠王前举荐了孙膑，于是孙膑被任为客卿。这时庞涓生怕孙膑在魏国对自己产生严重威胁，如此人得以施展才能，得到重用，会妨碍自己的前程，因此处心积虑打算置孙膑于死地。他经常在魏惠王面前说孙膑是身在魏国，心在齐国，有里通外国之嫌。随后骗得孙膑的亲笔书信，窜改了内容，献给惠王作为证据。惠王信以为真，就让庞涓问罪。庞涓对孙膑施用了膑刑，破掉了他的两块膝盖骨，使孙膑再也无法站立起来，成了废人，还给他脸上刺了字。只是为了骗他写出鬼谷子注释的《孙子兵法》，才留他一条活命。孙膑遭到这样的迫害以后，起初还受庞涓的假面所蒙蔽，为他写下老师私下密授的《孙子兵法》。幸亏有个庞涓的家丁把事情真相都明白告诉了他，孙膑这才恍然大悟，认清了庞涓的真面目。可是这时他身陷险境，肢体残废，怎么能够摆脱加害呢？他心生一计。当晚只见他突然昏倒在地，忽而大哭，忽而大笑，口中念念有词，却又语无伦次，把写下的兵法统统烧掉，还对庞涓叩头不止，拉住他叫鬼谷先生。这时庞涓生怕有诈，所以让人把孙膑拖到猪圈里，虽污秽不堪，可是孙膑倒头就睡，并且抓起猪粪和泥土就往嘴里送。这使庞涓相信了他是真的疯了，于是慢慢失去戒心，不再严密监视他了。而孙膑以猪栏为家，捡污物为食，披头散发，衣不蔽体，时出时入，时哭时笑，一直等到齐国使臣到魏国去时，才悄悄救孙膑逃离魏国。当时庞涓还以为孙膑投水死了，根本没有怀疑到他是逃走了。

当初庞涓以为孙膑从此不能站起来了，而且已经成了疯癫废人，这样就再也不能对自己形成威胁了。可是孙膑在绝境之中，运用了假痴不癫之计，他佯装作疯癫，以此麻痹了庞涓，使他认为孙膑的一生真的就这么全完了。实际上孙膑正是以此计，迷惑住庞涓，留得青山在，立志忍辱负重，伺机报仇，决心在将来的战场上一展身手，与之较量高低。他坚强地活了下来，忍受了难以想象的奇耻大辱。他知道，只要保全了性命，满腹的才学和韬略，必将有用武之地。正是假痴不癫之计，使他得以保全自己，以屈求伸，待机而发。他在逃出魏国回到齐国以后，终于得到显示才华的机会。

当时魏国非常强大，魏惠王成为继魏文侯、武侯之后的诸侯领袖。而齐国素称东方大国，曾有着称霸诸侯的历史。齐威王即位后，他是个雄心勃勃的君主，整顿内政，招纳贤才，使国力很快强盛起来，具备了与魏争霸的条件。而孙膑回到齐国正是这个时候。他首先受到大将田忌的赏识，言听计从。通过赛马，孙膑一鸣惊人。田忌乘机把他推荐给齐威王。他的才智使齐威王极为赞赏，所以马上就拜为军师。

周显王十五年（公元前354），魏惠王命庞涓为主将，起兵伐赵，包围了赵国都城邯郸，形势非常危急。赵国向齐国求救。孙膑感到他大展才能的机会来了。于是他运用避实击虚、攻其必救的原则，创造了围魏救赵的战略，率齐军直捣魏都大梁。他估计到庞涓一听国都被围，会马上回师，便以齐军主力在其途中必经之地桂陵事先埋伏好，大败魏军。这是孙膑以假痴不癫之计得以脱身后，第一次教训了庞涓，挫败了魏国。

公元前341年，魏国怪罪韩国背叛，没有参加逢泽会盟，就出兵攻打韩国，韩国向齐国求援。齐王出兵，孙膑仍作为军师随军出发。这时魏军的主将庞涓得知齐军又进攻大梁，就回军尾随其后，追击齐军。孙膑巧妙地运用减灶示弱的计谋，引诱魏军紧追不舍，他埋伏主力军队于马陵地区的山谷之中，准备一举全歼魏军。孙膑特命人在路旁大树上写下八个大字：『庞涓死于此树之下。』又命埋伏好的弓箭手，待一见火把就乱箭齐发。而庞涓果然不出孙膑所料，天刚黑，领兵进入马陵道，一直追至大树底下，并命人点起火把照亮树上字迹，此时齐军弓箭手乱箭齐发，魏军死伤无数。庞涓也身中数箭。他自知中计，斗不过孙膑，愤愧拔剑自杀。这一仗大获全胜，是历史上著名的马陵之战。从此，魏国失去了霸主的地位。而孙膑不仅报了自己的深仇大恨，而且使齐威王代魏惠王成为诸侯领袖，齐国得到霸主的地位。孙膑以此名垂千古。

孙膑在政治上军事上获得极大成功，都是因为他具有出色的智谋和才干。而假痴不癫之计的运用，是他在政治上处于极为危险的境地时，采用的政治韬晦之术，通过装疯卖傻来隐藏自己，保全性命，以此避免政敌庞涓对自己的进一步追害。采用这一计谋，孙膑经过周密的考虑，因为只有这样，才能使庞涓真正失去对他的戒心，放松对他的警惕和管制，以便伺机逃生。而庞涓也果然中了他的计，真的以为他是疯了而没有杀掉他。并且放松警戒，使孙膑得以逃出了魏国，最后，孙膑这个刑余之人，在齐国大展才华，终于在战场上与庞涓一决雌雄，成就了显赫的功业，名垂史册。所谓『大丈夫能屈能伸』，孙膑假痴不癫之计的运用，说明他有出众的智谋，同时也具有极为坚毅的忍耐精神，不如此是不能获得此计的成功的。唯有外表癫狂，内心极为冷静和沉着的人，才能出色地运用此计，在狡猾狠毒的政敌的眼皮底下，达到保全性命的目的。并且终于实现了自己的远大抱负。

孙膑所采用的这一假痴不癫之计，颇类似苦肉计。但这是他在生命攸关的时候，急中生智而想出的绝妙之计，如果不运用此计，他就无法幸免于难，而后来的赫赫事功，也就无从说起。这是一位极具智慧理性的人，运用奇计脱离险境，绝处逢生的突出事例。

孙膑精心研读《孙子兵法》，所以他能够成功地运用假痴不癫的计谋。孙子云：『能而示之不能。』意思是说本来是有能力的，却伪装作没有能力，通过掩藏真实的情况，制造假象蒙蔽敌人，麻痹敌人，使敌人上当受骗，达到战胜对方的目的。孙膑假痴不癫妙计的运用，是对《孙子兵法》的发挥，而他在马陵之战中，通过减灶以示弱，诱庞涓紧追不舍，最终战胜了庞涓，运用的也还是这一示弱的奇谋妙计。通过伪装生病麻痹政敌，造成政敌判断和行动的失误，使自己掌握有利时机，置敌于死地。

第二十八计　上屋抽梯

赵高弄权，李斯受骗

在秦始皇统一中国以后，李斯由廷尉升为丞相，官职越来越高，权势越来越重，名声也越来越大。在统一战争和巩固中央集权制的过程中，李斯是秦始皇的左右手，他提出了许多建设性意见，做了大量的工作，就连秦始皇东巡郡县，也多由李斯随行，记载秦始皇历史功绩的不少刻石的文辞，也是由李斯执笔的。这一方面说明，当时李斯是坚决执行秦始皇的法家路线的；另一方面也说明，秦始皇对李斯是十分信任和重用的。李斯的儿子都娶了秦始皇的公主为妻，女儿也都嫁给秦公子，李斯真是『富贵极矣』。

李斯的长子李由做了三川郡（今河南西部，治所在今洛阳东北）守。有一次，李由回咸阳探亲，李斯在家里大设酒宴，朝廷百官都去祝贺，门前的车马数以千计，盛极一时。李斯触景生情，感慨万端。他志得意满地说：『我听荀子说过：事情最忌讳好过了头。我本来是一个普通百姓，竟做了丞相，可以说富贵到了顶点！但是，物极必反，盛极则衰，我还不知道自己会落个什么结局呢？』这段话表现了李斯在改变了社会地位富贵已极的时候，对自己前途茫然莫测的矛盾心理。说明他的斗争精神已经在消退。

李斯的结局究竟怎样呢？这要从沙丘之变谈起。

公元前210年，李斯随从秦始皇出巡到沙丘（今河北平乡东北）时，秦始皇突然病危，便命令赵高写了一封诏书，让大儿子扶苏赶回咸阳办理丧事。这时，扶苏正在上郡（今陕西北部）监督蒙恬的军队。诏书还没有发出，秦始皇就去世了。这事只有胡亥、李斯、赵高和几个亲信宦官知道。因为秦始皇死在外面，太子又没有确定，李斯恐怕声张出去发生变故，便严密封锁了这个消息。这样做，完全是正确的。

秦始皇死后，以赵高为代表的旧贵族便蠢蠢欲动。地主阶级中央集权面临着一场严重的威胁。

赵高原是赵国的旧贵族，他对秦始皇灭掉赵国怀恨在心，发誓要报仇，伺机复辟。秦始皇死时，赵高正做中车府令，同时兼管皇帝的御玺印信。他故意扣留了秦始皇给扶苏的诏书，准备立胡亥当皇帝。胡亥是秦始皇的第十八个儿子，赵高曾当过胡亥的法律教师，胡亥也把赵高视为心腹。赵高立胡亥，实际上是要立一个年幼无知的傀儡，自己好篡夺最高权力，为所欲为。

但是，要立胡亥，就必须通过李斯。李斯身为丞相，掌握着最高权力。没有李斯的同意，胡亥是上不了台的。当时，在朝廷内部，李斯是能揭露赵高、粉碎复辟阴谋的唯一的一个人。但是，由于李斯的软弱和妥协，他并没有这样做。

为了让胡亥上台，赵高就去劝诱李斯。他首先编造谎言，对李斯说：『诏书和御玺都在胡亥手里，确定谁当太子都在你我一张嘴。』李斯表示拒绝，骂赵高说的是『亡国之言』。接着赵高就挑拨李斯同蒙恬的关系，威胁李斯，说李斯处处不如蒙恬，如果立了扶苏，扶苏就一定让蒙恬当丞相。到那时，扶苏是不会让你带着封爵告老还乡的。随后，赵高又抓住李斯的弱点，用高官厚禄引诱李斯。赵高对李斯说：『如果你照我的话办，立胡亥为太子，就会永远封侯。否则就要祸及子孙，令人寒心！希望你早拿主意，转祸为福。』

赵高软硬兼施，威逼利诱，说得李斯一把鼻涕一把泪地仰天长叹。李斯本来就贪恋『富贵极矣』的社会地位，总想保全已经到手的既得利益，所以面对着赵高的威胁，一再妥协退让，终于听信了赵高。对赵高的复辟阴谋，李斯缺乏认识，丧失警惕。这充分暴露了李斯作为地主阶级政治家的严重局限性。

然而，李斯的妥协只不过是赵高复辟的开始。

不久，赵高毁掉了秦始皇的遗诏，逼死了扶苏，杀害了蒙恬，立胡亥为二世皇帝。赵高当上了郎中令。在宫中左右秦二世，操纵政权。

赵高上台后，立即改变了秦始皇的法家路线，推行一条『兴灭国，继绝世，举逸民』的复辟、倒退的儒家路线。他更改法律，大赦天下，实行『收举余民，贱者贵之，贫者富之，远者近之』的反动政策，极力扶植被打倒的奴隶主贵族，听任他们在咸阳街头弹冠相庆，作威作福。疯狂打击新兴地主阶级，进行阶级报复，对执行过秦始皇法家路线的大臣，大肆清洗，血腥镇压。蒙恬的弟弟蒙毅也惨遭杀害，右丞相冯去疾、将军冯劫被逼自杀，相连坐者不计其数。就连秦始皇的公子、公主也难于幸免，搞得宗室震恐，『群臣人人自危，欲叛者众』。赵高的复辟，加重了对农民的剥削和压迫，给劳动人民带来更加深重的灾难。兵役徭役没有止境，赋税越来越多。许多农民被迫离乡背井，有的又重新沦为奴隶。激起了人民的反抗。

公元前209年，陈胜、吴广领导的农民大起义爆发了，革命风暴席卷全国。各地的六国旧势力也趁机纷纷叛秦，拥兵自立。当时，陈胜派吴广率军西进，围困荥阳（今河南荥阳）袭击三川郡。李由无法抵御，只好全力固守。与此同时，由周文率领的另一路起义军数十万人，一直打到咸阳附近的戏水。后来秦朝派大将章邯击败起义军，暂时解除了威胁。但是，起义的烈火已烧遍全国。秦朝的统治面临着严重的危机。

李斯对赵高的所作所为和当时的局势，深感不安。他曾多次要求进谏，被秦二世拒绝，秦二世反而把吴广攻打三川郡，李由不能抵御的责任，归咎于李斯。并责备李斯身为丞相，为什么让起义军如此『猖狂』。李斯心里很害怕，唯恐失掉自己的爵位和俸禄，便给秦二世上了《劝行督责书》。

在《劝行督责书》里，李斯一面劝秦二世要坚持申不害、韩非和商鞅的法术，要『独制（统治）于天下』，防止大权旁落，不要被人所左右。主张用严刑峻法监督和控制群臣，这样臣下就会奉公守法，不敢作乱，天下就会安宁，国家就可以富足。一面却提出，这样做秦二世就可以满足自己的欲望，君主就会尊贵。

《劝行督责书》是李斯为挽救秦朝危机所做的最后努力，是李斯法家思想的产物。李斯希望秦二世坚持法治，继续贯彻秦始皇的法家路线，并暗示秦二世要警惕赵高篡权，提醒秦二世要防止赵高的复辟活动。这是正确的。但是，李斯的《劝行督责书》又迎合了秦二世恣意淫乐、长享天下的欲望，并包含着镇压劳动人民的一面。这完全是地主阶级本性决定的。

当时，秦二世昏庸无能，被赵高玩得团团转。他不可能领会李斯的良苦用心，也没有采纳李斯维护中央集权、防止赵高复辟的进步主张。他看了李斯的《劝行督责书》很高兴，果然刑法更严，凡是征税多的他就认为是好官；杀人多的他就认为是忠臣。当时，路上的行人有一半是受过刑的，死人更是堆积如山。秦二世认为这就算是能『督责』了。李斯的《劝行督责书》虽然保全了自己，但是秦王朝的危机日甚一日。

赵高因为杀人过多，唯恐朝中大臣在秦二世面前揭发他，便劝秦二世深居宫中，不要跟大臣们见面。秦二世一味追求声色酒肉，再次听信了赵高。结果，秦二世被架空，一切政事都由赵高一人决定。

对此，李斯当然不满，希望能觐见秦二世，但又苦于没有机会。赵高知道后，假惺惺地对李斯说：『你如果能劝诫皇帝，我一定为你留意。有机会，就来通知你。』

赵高是有阴谋的。过了几天，赵高趁秦二世跟宫女们饮酒作乐玩得正开心的时候，派人去通知李斯说：『这会儿皇帝有空，请赶快去上奏。』李斯信以为真，赶忙到宫门求见。秦二世正玩在兴头上，哪里肯接见李斯呢？李斯一连碰了几次钉子。

秦二世认为李斯是故意打扰他，跟他为难，很生气。他对赵高说：『我平时经常有空，李斯不来。偏偏我正玩的时候，李斯就来捣乱。这不是看不起我，故意跟我作对吗？』赵高趁机对秦二世说：『这太危险了！沙丘之谋，李斯是参与的。现在陛下做了皇帝，李斯还只是个丞相，没有再高升。我看他是想裂地而王！况且，李斯的长子李由是三川郡守，陈胜这帮人都是李斯家乡附近的人，所以这帮盗贼才敢如此横行。他们经过三川郡时，郡守李由不肯派兵出击。我早就听说李斯父子跟陈胜等人书来信往，勾勾搭搭。因为我不知详情，所以没敢向陛下报告。再说丞相在外边，权力比陛下还要大哩！』秦二世信以为真，准备查办李斯，并派人到三川郡去调查李由勾结陈胜的罪状。

李斯碰壁以后，知道上了赵高的当。后来又听说秦二世在调查李由私通起义军，心里才恍然大悟。

李斯非常气愤，又无法见到秦二世，便给秦二世上书，揭发赵高的罪行。李斯说赵高弄权，『擅利擅害，与陛下无异』，指出赵高有奸邪之心，叛逆之行，如不及时防范，赵高就会作乱。但是，秦二世受赵高蒙蔽已深，不但不听李斯劝告，反而认为赵高对自己一片忠心，说赵高精明强干，既了解地方的人情，又能顺迎自己的意志，是不容怀疑的。他对赵高不但没有警惕，反而害怕李斯害掉赵高，就把这件事告诉了赵高。赵高便进一步诋毁李斯说：『李斯最嫉恨的就是我赵高。我一死，他就可以杀君谋反了！』秦二世一听，勃然大怒，立刻把李斯逮捕入狱，并派赵高亲自负责审讯。

李斯被套上了刑具，关进了监狱。沙丘之变以来，一幕一幕的往事，展现在他的面前。严酷的斗争事实教育了他。这时，他才认识到秦二世『行逆于昆弟（兄弟）』『侵害忠臣』『大为（修）宫室，厚赋天下』，以致造反的人越来越多，已经占据了秦朝的半个天下，秦朝的灭亡已经无法挽回。

李斯被赵高严刑拷打，百般折磨，忍受不了痛苦，只好『供认』了『谋反』的罪行。但是，这时，李斯仍然寄希望于秦二世，幻想他能省悟过来，并赦免自己。这当然是不可能的。

李斯给秦二世上书，陈述了自己追随秦始皇三十多年立下的功绩，用满腔血泪歌颂了法家路线的正确，表明自己忠心耿耿，决无反意。想以此感动秦二世。可是，赵高这时党羽成群，一手遮天，李斯的上书，落到了赵高手里，被甩在一边。赵高骂道：『囚犯哪能上书！』

为了不使李斯翻供，赵高派人装成秦二世的使者，对李斯轮番审讯。李斯不知是假，便诉说真情，结果是一顿毒打。经过十余次这样的审讯，李斯被打得死去活来，哪里还敢说真话！等到秦二世真的派人去复审时，李斯以为跟前几次一样，还是赵高的爪牙，只好一乱供，不敢再申辩了。秦二世听了使者的回报，以假为真，高兴地说：『要不是赵高，我差一点儿叫李斯给卖了！』

秦二世派去调查李由罪状的使者到达三川郡时，李由已被起义军杀死。赵高便编造了许多由李由谋反的罪状，以此陷害李斯。后来，李斯被判处了死刑。

公元前208年初冬，北风呼啸，落叶满天。奴隶主复辟势力的刽子手们，把李斯押赴刑场。李斯回过头来看了看他的二儿子，说：『我想跟你一道，再牵着黄狗，出上蔡东门猎逐狡兔，还能办到吗？！』说罢，父子相对痛哭。就在这一天，李斯在咸阳街头被腰斩，全家大小全被杀害。这是当时复辟与反复辟斗争尖锐激烈的表现。

李斯死后，赵高做了丞相。事无大小，都取决于赵高。他权势极重，给秦二世献上一只鹿，硬说这是马。秦二世的亲信也都慑于赵高的权势，随声附和，说是马，没有一个敢说这是鹿的。指鹿为马的故事，说明了当时的形势，以李斯为代表的地主阶级没有能制止复辟势力的反扑，使赵高更加飞扬跋扈，为所欲为。第二年，赵高便逼死了秦二世，立子婴为秦王。

这时秦末农民大起义风起云涌，所向披靡。公元前206年10月，刘邦率领农民起义军直捣咸阳，子婴无力抵抗，不得不向刘邦投降，维护了十五年的秦朝，终于被农民起义的革命洪流所推翻。猖獗一时的赵高复辟势力并不能阻挡历史车轮的前进。赵高政权仅仅维持了三年，就被农民起义的浪潮击得粉碎。

赵高就是这样运用上屋抽梯的计策，杀死李斯另立秦王的。

乾隆弄权，压制贤臣

乾隆是封建社会中颇有建树的皇帝之一，在位61年，享年89岁，是封建帝王中年寿最高的人。和他的祖父康熙一样，他也是一位传奇式人物，有关他的故事流传甚广。

乾隆即位的时候，经过康熙、雍正70多年的锐意经营，国力显著增强，经济出现了繁荣景象。在乾隆的不懈努力下，清朝发展到了极盛时期。他开办博学鸿词科，优容知识分子，笼络读书人，又组织编纂了空前绝后规模的《四库全书》；武功方面也卓有成效，不断平定叛乱，安边固防。曾两次平定准噶尔，又经历了回疆一役，大小金川之战，两次廓尔喀战役，以及缅甸、安南战役等大小十余次战役。他天资凝重，以刚柔相济的治国之道把国家整治得妥妥帖帖，社会井然有序，统治基础稳固，连他自己也自豪地声称是文治武功方面的古今第一人。乾隆曾志得意满地夸耀自己为『十全武功』，自称『十全老人』。在他自己总结治世成功经验时，认为在位期间共举两件大事：一是西师，二是南巡，前者指平定准噶尔和大小和卓的叛乱，统一新疆，后者分量似乎超过前者，是乾隆最值得骄傲的行动。

一方面他对自己的才干和政绩有极高的估价，另一方面是他喜怒哀乐等性情上的特点，因而影响了对反对意见的反映和态度。就性格而言，他比康熙、雍正更加敏感，自尊心和虚荣心更强。虽然即位之初，他曾实行了一些宽松的政治方针，那是因为要改变其父苛严政治所带来的紧张气氛，改变官僚人人自危、百姓人心惶惶的不安定环境。所以，当他的一系列改弦更张的措施发生了实效，缓和了统治集团内部及朝廷内外的僵滞关系时，官民无不欢欣雀跃，颂声如雷，那时的乾隆比较注意听取臣下不同意见，并且鼓励人们直言进谏，献计献策。即位之初，他就说：『论才能和年纪，我赶不上皇考（雍正帝），但是，自从我即位以来已过半年，群臣中竟无人指出我的过失，难道说我所做的一切都上合天理，下协人情吗？今后务必请大家直言无隐。』乾隆还在上谕中多次表示要广开言路，虚心纳谏，并对进言者颁以奖赏，专司监察弹奏的御史在这种环境中也显得非常活跃。但是，随着经济、政治、文化日趋繁荣，面对稳固的基业和强盛的国力，他开始为自己的才干超群而自豪不已，开始暴露出对进言者的厌烦情绪，嫌他们的意见太琐碎，不屑一顾。同时，敏感的性格也使他越来越受不了臣下不留情面的指摘，自尊心受不住这等『不敬』的刺激。他的厌烦情绪使他在具体的政治活动中暴露得越来越明显，对进言者日益缺乏耐心，经常寻找借口，挑剔反驳乃至斥辱进言者。他在上谕中责辱言官说：『因为我要广开言路，所以宽待言官，以收进言之益。不料这些人却见我不加谴责变得肆无忌惮。试问，近来进谏的大臣中，有几个真心诚意地提出了有益国家政治的主张？我留心观察他们的用心，无不是在处心积虑地追逐名利，即使提出建议，也不是出于为国为民的考虑，无非想博取虚名，指望能得到我的赏识，有望升迁，多得养廉（指报酬）而已。』在他眼中，进言者一概是追逐名利的不齿之徒。

更有甚者，为了阻止百官进谏，他还想方设法寻找机会整治进言者，其中不少是玩弄政治手腕，以计谋玩弄性情直率、直言无隐的人。

乾隆五年（1745），他召见太常寺卿陶正靖，希望他指出政治得失，并劝诱他说：『你不必有什么顾虑，尽管如实讲出，这才有益于我反省修身。』陶正靖不敢贸然直言，唯恐言多语失，触怒皇上。乾隆则摆出一副大度而坦诚的姿态，鼓励他说：『我看你还是位骨鲠之臣，所以才向你询问政务得失，你姑且据实陈奏。』陶正靖于是上奏说：『现在的政治环境很好，只有工部尚书魏廷珍身负众望，本来没犯什么大错，却在近日被赶回原籍，在对他的态度上，皇上严词峻厉，根本不像是优待老臣的样子。』乾隆听了话后，和颜悦色地说：『你是我专门选用的大臣，将来还要升迁进用。』陶正靖连连叩头谢恩，高兴而去。谁知没过几天，乾隆就降下圣旨，将陶正靖的进言驳斥了一通，指责他为魏廷珍辩护，是营和之举，必须严加惩处，就这样，悲愤失望的陶正靖只有弃官回家，以讲课谋生，不到两年就郁闷而死。

上屋抽梯，智破疑案

那些惯于作案的凶徒，没有不狡猾的。他们往往利用办案人的疏漏，百般抵赖，为自己开脱罪责。清代张治堂所著《未能信录》中，收录了由他复审的一起杀人案。本来原审案情十分明显，定罪也很准确，只因下级办案人提交赃证时出现了失误，反而被罪犯钻了空子，将真案办成了假案。原想使案件更加稳妥扎实，却险些让杀人凶手溜出法网。

清朝时，广昌县内发生过一起窃贼拒捕杀人案。窃贼刚刚入室，被主人发觉，从后面紧抱窃贼，不肯放手，窃贼狗急跳墙，用刀连戳，失主松手倒地，当场丧命。报案后，县令亲自勘验，很快将凶手捕获。窃贼供认不讳，县里据此定案，按例报送州府、按察司，并将起获的血污短衫一件、无血青缎羊皮马褂一件、凶刀一把，随犯人一道解送。到了按察司，犯人却推翻原供，否认前罪。按察使又将案件发回重审。

上级委派南昌县同知张治堂接管此案。张治堂仔细阅读案卷，见其中血衣、凶刀均已起获，显然是真凶无疑。等到提审时，罪犯说：『血污白布短衫其实是被害人的衣服，并不是我的，衣上现有刀戳破的窟窿三处，可以验证。就是解送来的凶刀，也是捕役随后上交，并非从我身上搜出，也不是我供出放于何处才起获来的。我并非贼匪，实未杀人，都是捕役怕上司责罚，枉抓好人，凭空栽赃陷害。』供词与原审大相径庭。张治堂重验物证，见血污白布短衫上，果然有三处刀戳破的痕迹，的确是被害人的血衣。张治堂当着犯人的面，问身旁的捕役说：『你见过穿缎面羊皮衣服的小偷吗？』捕役突然被问，来不及思索，无法回答。张治堂又问罪犯：『只怕这件马褂也不是你的衣服吧，是不是借人穿的？』罪犯说：『这件马褂确实是我的衣服，我从不借人衣穿，别人也从未借穿我的。』张治堂问他有什么记号，罪犯说：『衣领后面的合缝处有丝线绣成的『万』字为记号，靠领口的扣袢还是去年新换的。』张治堂拿起马褂反复细看，见缎面已旧，毛皮发黄，里和面像是被擦洗过，胸前一块皮板较硬，能敲打出声响，透过毛丛，可以看到明显的水痕。张治堂究问原因，罪犯说是雨淋湿的。问他雨水为什么不湿后背但湿前胸，罪犯结结巴巴地说不上来了。进一步追问，犯罪又谎称擦洗油腻造成的。用衣服上的油腻水无法擦掉来驳斥他，罪犯又低头不语了。张治堂命人将马褂拆开，见白布贴边上竟有四处指印大小的血点，当即递到罪犯面前，喝令他从实招供，并让他对照说明拒捕杀人的情形，罪犯一一供认，盗窃、行凶等过程，历历如绘。一桩疑案，终于真相大白。张治堂并未用刑逼供，却使罪犯甘心服罪，不再狡辩，也不再翻供了。

上级认为原审官吏用被害人的血衣顶替罪犯的衣服，致使罪犯翻供，准备向朝廷揭发。张治堂请求先问一问其中的隐情。据原审县令讲，当时勘验完毕，带回死者的血衣，原是为了对比刀痕，确认凶器，只因注意力集中在对比刀痕上，反而忘记查验罪犯衣服上有没有血迹，实在是疏忽冒昧。等起获凶刀之后，对比衣服破口处的刀痕，与案卷中记录的长短、宽窄，都很相符。但是用别的刀试着一比较，宽窄也很相似。考虑再三，自己反而对这把凶刀的可信程度产生了怀疑。因此和助手商量，放弃被害人的血衣，只把它当作窃贼的血衣，和凶刀一并报送上司。助手也认为此案情节真实，定罪正确，又没抓错正凶，若只报送凶刀和没有血迹的犯衣，恐怕要遭到上司的驳斥，追问为什么没有凶犯的血衣，案情反显得不严密。不如将被害人的血衣当作犯人的衣服，一起写到公文里。况且起到凶刀，对比血衣，犯人并不在场，而上司验明是真正的血衣就行了，绝不会拿在手里细看。一心想使案情扎实充分，没料到会出这么大的差错。上司认为凶手既没弄错，过失出于无意，也情有可原，这才严厉警告一番，宽恕了县令等人的失职。

虽然原审办案人的过失，给了罪犯翻供的把柄，但是，罪犯消息灵通、行事刁钻，也是他一时得逞的重要原因。他竟能凭着一件血衣，将确凿的证据、昭然的罪行否得一干二净，这也足见他心机的狡诈。他否认血衣的理由，是相当充分的。短布衫是贴身的衣服，经血污又被刀刺破，纵使窃贼从容得手，也不会将他剥下来拿走。而且主人被杀身死，凶手逃脱犹恐来不及，哪有闲工夫剥这件血衣？说他在被害者死后剥取血衣，已经无法令人相信，更何况他逃跑之后，还能身穿一件染满鲜血的衣服吗？张治堂心里明知罪犯就是真凶，由于根本不知道错出在哪儿，所以一时无法使罪犯屈服。物证中还有一件无血迹的马褂，它是找出犯罪迹象的唯一希望。倘若罪犯再否认马褂是自己的东西，要想查明疑案，恐怕还要大费周折，弄不好这唯一的希望也将破灭。所以必须不动声色，让罪犯先认定这一事实，才可以仔细查验。穿得起绸缎、羊皮衣服，家境想必富有，富有的人一定不会去做小偷小摸的事。这是人们通常的想法，其逻辑性并不十分严密。也许是罪犯过于自信，以为乾坤早已倒转，新来的长官无能为力，说了这么一句题外话。所以他也就装出未做亏心事的平静模样，随口唠了几句家常。万没想到自己一时大意，刚刚起死回生，却又出生入死。正应了『机关算尽太聪明，反算了卿卿性命』这句话，反而中了张治堂『上屋抽梯』之计。问明了记号，罪犯便自动走上了绝路，此时想后退半步也是不可能的了。就好比一块烧红了的铁块，无论它从前是多么烫手，一旦被牢牢地钳住，稳稳地放在砧板上，就只有任人敲打的份了。张治堂步步紧逼，一问一驳，察言观色，一定能感觉到罪犯理亏词穷，此时未必不可以用刑讯逼他招供，这样也可以尽快定案。但张治堂显得很有耐心。为了避免罪犯再一次翻供，考虑到仅仅怀疑擦洗血迹，说服力不够，便将眼光仍落在罪犯的马褂上。擦洗和拆洗毕竟不同，擦洗外面，竟浸透了皮里，致使毛色有异，可见当时血污之多。马褂的面里之间，缝合之处，隔着缎面未必能一一洗净。这便是张治堂拆开马褂之前的一番想法。张治堂凭着过人的智谋，干戈未动，大获全胜。他却谦逊地解释为『冤魂不散』的缘故。我们不相信因果报应之说，却该相信『法网恢恢，疏而不漏』这一至理。

第二十九计　树上开花

张仪设计，诓骗楚王

战国时期，齐、楚、燕、韩、赵、魏、秦七雄并立，其中西部的秦国、东部的齐国和南部的楚国力量最强。张仪和他的师兄苏秦凭着三寸不烂之舌，游走于各国之间，合纵连横。大约在公元前313年，楚国与齐国结成联盟，共同对付秦国。

秦王想去伐齐，又怕楚国起兵帮助齐国，便想拆散他们的盟约。秦王把相国张仪招来问计，张仪回答说：『凭着我的三寸不烂之舌，南游楚国，伺机向楚王进言，必定能使楚国与齐国断绝关系，而转而与秦国友好。』秦王听后很高兴。说：『就按你的意见办吧。』

张仪拜辞秦王，来到楚国。楚王见张仪这个大名人来了，便命令把上等宾馆整理好，让张仪居住。楚王问张仪：『你到敝国来，有何见教呢？』张仪说：『我这次来楚国，是想让秦、楚建立起友好关系。』楚王说：『我何尝不愿与秦结盟呢！但是秦国屡次出兵攻伐楚国，所以我也就不想和秦国结盟了。』张仪说：『现在虽然有七国，但大国只有楚、齐与秦三家。秦与齐结盟，则齐国势力大增；秦与楚结盟，则楚国势力大增。不过秦国的心意是想和楚国结盟。这是为何呢？因为齐与秦是婚姻之国，却多次负秦。而大王您却与齐交好，触犯了秦王的嫉恨。现在大王如果能闭关与齐国断绝关系，秦王愿意把当年商鞅从楚国攻取的商於之地六百里归还大王，还愿意把秦女嫁与大王为妾，这样秦、楚世为婚姻兄弟，共同抵御诸侯的侵犯。』楚王听了这话，很是高兴，说：『秦国肯把旧地还给我，我怎么还会偏爱齐国呢！』当下答应下来。楚国的大臣们都认为楚国将要收回失去的故土了，纷纷向楚王称贺，只有客卿陈轸表示反对。楚王大怒说：『我不发一兵一卒就能得到六百里地，群臣都祝贺，你为什么反对呢？』陈轸说：『不然，以臣看来，商於之地得不到，齐、秦将要结盟了，齐、秦结盟，楚国的祸事来了。』楚王问：『你这么说有何根据？』陈轸分析说：『秦国所以看重楚国，是因为楚有齐国这个盟友。现在如果与齐断交，则楚国就陷入孤立无援的境地了。秦国还有什么可重视楚国的，而会割让商於之地六百里？张仪回到秦国，必定食言，辜负大王。』楚王听了很不高兴，问：『你说怎么办？』陈轸说：『最好的办法，是表面上和齐国断交而暗中依然交好，派一名使节跟张仪去秦国。如秦国给地，那时再与齐断交也不晚；如不给地，仍与齐交好，共同对付秦。』楚王说：『希望你闭上嘴不要再多说，就等着看我得到土地吧！』

于是，楚王下令北关守将不要让齐国使节进入楚国，派将军逢侯丑随张仪到秦国接受土地。一路上，张仪与逢侯丑饮酒谈心，欢若兄弟。快到咸阳时，张仪假装醉酒，失足从车上跌下来。左右侍从忙将他扶起，他说：『我的脚伤了，需要立刻医治。』便先乘车入城去了。向秦王汇报过，便躲在家里伪称养伤，一连三个月不上朝。逢侯丑求见秦王，秦王不见，去见张仪，张仪推说伤未愈合，也不见。他只得上书秦王，把张仪许地之言说了一遍。秦王复书说：『张仪如果有约，我一定会履行。不过听说楚与齐尚未决绝，我怕被楚国欺骗了。还是等张仪病愈入朝，弄清楚再说吧。』逢侯丑把秦王之言报告楚王，楚王说：『大概秦国认为我没有彻底和齐国断绝关系吧？』于是派勇士到宋国，借宋之符，直到齐国边界，把齐王百般辱骂一番。齐王大怒，立即派人到秦请求交好。张仪听说齐国的使臣到，知道计谋已成，便称病愈入朝。在朝门遇到逢侯丑，张仪故作惊讶地说：『将军为何还没有受地返国，尚淹留我国？』逢侯丑说：『秦王只等你病愈面决，现在你病好了，就请进去向秦王禀报，早日划定地界，我也好回国复命。』张仪说：『此事何须请示秦王？我所说的，是我的俸邑六里，愿献给楚王。』逢侯丑说：『我受命于寡君，言商於之地六百里，没听说只有六里。』张仪说：『楚王大概听错了吧？秦国的土地都是百战所得，岂肯以尺土让人，何况六百里土地呢！』逢侯丑回国一汇报，楚王大怒说：『张仪真是反复无常的小人，我一定要生吃他的肉才解恨！』于是起兵伐秦，结果被秦齐联盟杀得惨败，汉中之地六百里反被秦国夺去。

张仪是战国时代著名的纵横家，诡计多端。他辅助秦王，实行远交近攻的策略。为了牵制秦国，楚国与齐国结成联盟，使秦国不敢放手行动。面对这种情况，张仪决定设计诓骗楚王，让楚王自己断绝与齐国的盟友关系。张仪非常了解楚王的心理和秉性，掌握了楚王的两大特点：第一，楚王虽然与齐结成联盟，但又觉得齐国远离楚、秦二国，倘若真的发生战事，不免有远水救不了近火之虞，而楚国与秦国毗邻，时刻处在秦国的威胁之下，倘能建立友好关系，则可缓解面前的危机；第二，楚王为人十分贪婪，又庸懦昏愦，缺乏主见，轻信人言。针对这两点，张仪投其所好，用『六百里地』在本来无花的树上做成一树假花，引得楚王踮足去摘。楚王的贪心给宿敌秦国带来莫大利益，秦国不费一兵一卒，仅凭着张仪的一张巧嘴，竟然拆散了齐楚联盟。使秦之仇敌、楚之盟友转变为楚之仇敌、秦之盟友，借局布势，强己弱人，真是树上开花之计的成功运用。

骊姬设计，谋害太子

晋武公晚年求娶于齐，齐桓公以宗女嫁之，是为齐姜。此时晋武公已很衰老，齐姜年少而美，世子诡诸与齐姜发生私情，生下一子，暗中寄养于申氏，故取名申生。公元前677年，武公死，诡诸继位，是为献公，立齐姜为夫人，申生为世子，任命里克为世子之傅。公元前662年，晋国出兵攻打骊戎，骊戎主求和，将两个女儿献给献公，长曰骊姬，次曰少姬。骊姬相貌美丽，又工于心计，不久就得到献公宠爱，逾年生下一子，取名奚齐，又逾年少姬也生下一子，取名卓子。献公越来越宠爱骊姬，竟立骊姬为夫人，封少姬为次妃。献公打算改立奚齐为世子，与骊姬一说，骊姬心中早就想这样，但又不露声色。她思谋再三，觉得无故变更世子，君臣必然不服，出面谏阻，而且献公的庶子重耳、夷吾与申生关系很好，此事若办不成，引起他们的提防，反而坏了事。想到此处，她便对献公说：『申生立为世子，各诸侯国都知道，而且申生贤而无罪，不可废黜。您如果因为我们母子的缘故废掉申生，我宁可自杀也不答应。』献公以为她说的是真心话，也就把这件事搁下不提。献公有一个很宠幸的优人，名施，常出入于宫禁，骊姬便与他私通，与他商议废立之事。优施出主意说：『应该以封疆为名，让申生和重耳、夷吾到外地出镇，然后从中行事。但此事领由外臣口中说出，才见出是忠谋。现在主上宠信的大夫有两人：一个叫梁五，一个叫东关五，别人合称他们为二五。夫人如果肯出重金贿赂二五，让他们相机进言，事情必成。』骊姬闻言大喜，拿出许多金帛，让优施去办这件事，二五巴不得结交君上的宠姬，双方一拍即合。晋献公不辨忠奸，果然派世子申生出镇曲沃，重耳出镇蒲，夷吾出镇屈邑。这样，晋献公身边只有奚齐和卓子这两个儿子，宠爱之情不由得与日俱增，骊姬更使出浑身解数献媚取宠，二五也不时在献公面前夸赞奚齐。

但是，申生为人忠正小心，又屡次带兵出征，立下战功，一时竟无加以陷害的借口，骊姬非常焦急，又与优施商议。优施说：『君上虽然对世子日益疏远，但知子莫若父，他了解世子的为人，若诬告世子谋逆，他必然不相信。夫人只有经常在君上面前哭诉，表面上赞扬世子，话里暗含诬谤，才能见效。』骊姬是很聪明的女人，一听此言，心里也就有了主意。夜半时分，她伏枕而泣，晋献公慌忙讯问原因，她只是抽泣，再三推托，不肯明说。晋献公逼着她讲，她才收泪说道：『我就是说出来，您肯定也不相信。我所以哭泣，是怕不能长久侍奉在您身边啊！』晋献公说：『你为什么说出这种不祥之言？』骊姬回答说：『我听说世子为人外仁而内忍，他在曲沃，极力给人民实惠，人民都愿意为他效死力。他这样做，是有目的的。他经常对人说君上您为我所迷惑，国必乱，这话举朝皆知，就是君上您不知道啊。他莫非是想用清君侧的名义，祸及君上，您何不杀了我以谢世子，阻止他的阴谋。不要因为我让百姓受苦啊！』献公听了，果然有些不信，说：『申生对庶民都很仁惠，难道对父亲反倒不仁吗？』骊姬说：『您说得有道理。不过我听说，地位高的人与庶民对仁的理解是不同的，庶民以亲爱为仁，地位高的人以利国为仁。只要对国家有利，还有什么亲情可讲呢！』献公又说：『申生很重视声誉，他难道就不怕留下恶名吗？』骊姬说：『过去周幽王不杀宜臼，把他流放到申，申侯联合犬戎杀幽王于骊山之下，立宜臼为君，是为周平王，成为东周的始祖，至今代代相传。有此事件，幽王之恶益彰，谁还把不好的名声加到平王头上呢！』

听了骊姬的话，晋献公悚然而惊，披衣起坐，越想越觉得骊姬说得有理。骊姬见晋献公已被自己的话说动，便进一步火上浇油说：『您为何不自称年老，把国家交给申生呢？他得到国家，满足了欲望，或许会放您一条生路。』掌握权力的人很少有甘心情愿地交出权力者，哪怕是交给自己的儿子，更何况晋献公已对申生起了疑心。他听了骊姬的建议，断然拒绝让位，下了惩治申生的决心，可又找不到借口。骊姬见时机成熟，献计说：『赤狄皋落氏屡次侵犯我国，您为什么不让申生带兵讨伐，看看申生是否真的能收拾人心。如果他打了败仗，处治他就有借口了。如果他打了胜仗，说明他的确已是人心所归，他自恃有功，必有异谋，那时再惩罚他，国人必然心服口服。』晋献公觉得这个主意很高明，果然传令让申生率领曲沃的士兵去讨伐皋落氏。大臣里克进谏说：『太子是国家的储君，所以国君出行便让太子监国。太子应该朝夕在国君身边，派去远方已不适宜，哪能让他统兵出征呢？』晋献公说：『申生已多次带过兵打过仗了。』里克说：『过去太子带兵，都是跟随您出征，现在让他单独领兵，不可。』听到这里，晋献公仰天而叹，说：『我有九个儿子，哪个是太子，还未定呢。』一听这话，里克立即明白了晋献公对申生的态度，默然而退，告诉大臣狐突。狐突听了，知申生地位危险，急忙派人给申生送信，劝他不要出战，应该逃走。申生是个忠孝之人，虽然明白了父亲让他带兵出征是想试探他的心，还是不愿违抗君父之命，说：『违抗君命，我的罪过就大了。如果在战斗中我有幸战死，还可以落下个好名声。』于是率军出去，打败了皋落氏，向晋献公报捷。骊姬说：『看来世子果然是人心归附了，怎么办呢？』晋献公说：『他的罪过还未显露，再等待一阵子。』狐突预料国家将出乱子，便假装患了重病，闭门不出。恰在这时，虢国屡次进犯晋国南境，边关告急，晋献公准备派兵伐虢，骊姬又趁机说：『何不再让申生出征，他威名素著，士卒愿意替他效力，一定会成功。』晋献公因相信了骊姬先前说的话，怕申生战胜虢国之后，威名更盛，更难以驾驭，踌躇不决，询问大夫荀息的意见，荀息认为虢国与虞国同姓比邻，必相互救援，出兵讨虢不一定会获胜，不如抓住虢公好色的毛病，赠以美女，让他不理政务，再贿赂犬戎侵扰虢国边境。晋献公依言而行，果然大见成效，在虢国内外交困之时，又按照荀息提出的先假虞灭虢然后再灭虞的计策，派里克为上将，荀息为次将，灭了二国。

骊姬本想怂恿晋献公派申生伐虢，不想由里克代行，又兵到功成。骊姬认为里克是申生一派的人，很觉忧虑，对优施说：『里克功高位重，我无以敌之，怎么办？』优施说：『荀息的功劳和智慧都不在里克之下，如果请求君上派荀息为奚齐和卓子之傅，抵挡里克绰绰有余了。』骊姬跟晋献公一说，献公也就答应了。将荀息拉到自己一边后，骊姬总觉得里克在朝，对实现自己的阴谋终归是个阻碍，想收服他，或至少让他保持中立，优施又献计说：『里克为人外强而中多顾虑，如果晓以利害，他很可能首尾两端，然后可慢慢收归我用。里克喜欢饮酒，夫人如果能设宴，由我出面陪里克饮酒，我用言语试探他，他听得进去，是夫人的福分，他听不进去，就算我这个优人与他开了个玩笑，也不会出什么事。』于是骊姬为优施准备好酒食，优施与里克约好，携酒至其家。酒至半酣，优施为里克唱歌道：『暇豫之吾吾兮，不如乌乌。众皆集于菀兮，尔独于枯。菀何荣且茂兮，枯招斧柯。斧柯行及兮，奈尔枯何！』里克问：『什么是菀，什么是枯？』优施说：『拿人做个比方，母亲身为夫人，儿子将成为国君，根深叶茂，众鸟依托，这就是菀；如果母亲已死，儿子又得谤，祸言将及，本摇叶落，鸟无所栖，这就是枯。』说罢，优施就告辞而去。里克知优施出入宫禁，深受国君和夫人宠爱，越想越觉得他的话暗藏玄机，不待天明，就到优施家询问究竟，优施把里克让入内室，对他说：『我早就想告诉你，可你是世子之傅，所以才未敢对你直言，恐怕你怪罪。』里克说：『能使我预先思虑免祸之策，这是你对我的爱护，我怎么会怪罪呢！』优施遂附耳低语说：『君上已答应夫人，将杀掉世子，改立奚齐。内有夫人主持，外有中大夫协助，事情必成。』里克一听，心生恐惧，叹息说：『支持君上杀掉世子，我不忍心，辅助世子对抗君上，我又才力不及，我就中立旁观吧。』于是假装坠车伤足，不再上朝。

笼络住了荀息、里克这两名朝廷重臣，骊姬就不用担心改立世子会遭到外朝反对了，下一步的工作是促使晋献公下定杀世子之心。一天夜里，骊姬对献公说：『世子久居曲沃，你何不把他召回一见呢？不过，你要说是我思念他，这样我有德于他，将来或许能免杀身之祸。』献公依言召回申生，申生拜见骊姬时，骊姬设宴款待，次日申生入宫谢宴，骊姬又留饭。夜里，骊姬流着眼泪对献公说：『我想挽回太子的心，所以以礼待他，不想他更无礼了。』献公问：『他做什么了？』骊姬说：『我留他吃饭，酒半酣时，他调戏我说：过去我祖父老的时候，把我母亲姜氏给了我父亲，现在我父亲老了，肯定要把你留给我。说着就要拉我的手，我坚决拒绝，才避免受辱。您若不信，我可以与太子同游园囿，您躲在台上亲自观察。』献公答应了。第二天，骊姬先把蜜涂在头发上，然后招申生到园中同游。蜂蝶闻到蜜味，围着骊姬的发髻纷飞，骊姬说：『世子替我驱赶一下蜂蝶吧。』申生从后面用袖驱赶，献公望见，以为申生真有调戏之事，不由大怒，便想抓住申生处死，骊姬劝阻说：『我把世子招来，使他被杀，就等于是我杀了他。而且宫中暧昧事，不可传扬，先忍耐一下吧。』于是献公让申生回曲沃，暗中派人搜求申生的罪过。

几天后，献公到外地狩猎，骊姬抓住时机，派人告诉申生说：『我梦见你母亲齐姜诉苦，说没有饭吃，你赶快祭奠一下吧。』申生果然祭祀其母，派人向献公呈送胙肉，骊姬在酒肉中下了毒。过了几天，献公回宫，骊姬把申生致胙之事告诉他，献公拿起酒就想喝，骊姬拦住说：『从外面送进来的食物，都应该先试一下。』把酒洒在地上，地面鼓起，把肉丢给狗吃，狗立即就死了。骊姬还假装不信，招来一名小内侍，强迫他尝酒肉，他七窍流血而死。直到这时，骊姬才佯装大惊失色，呼天抢地地说：『老天爷呀，国家本来就是太子的，君主已老，难道就不能等待几天吗，非要杀君不可！』说完，又跪在献公面前，痛哭流涕地说：『太子所以做这种事，全是因为我们母子的缘故，请您把这酒肉赐给我吧，我愿替你而死。』说着，拿着酒就要喝，献公急忙夺下，气得半天说不出话来。待缓过一口气来，献公怒气冲冲来到朝堂，召集诸大夫议事，狐突早就杜门不出，里克以足疾为辞，其他人毕集朝堂，献公把申生的『逆谋』告诉群臣，群臣面面相觑，不敢置对，只有东关五自请带兵讨伐太子，献公任命他为主将，以梁五为副，率领二百乘兵车，开往曲沃。申生闻讯，自缢而死。申生死后，骊姬又想除掉重耳和夷吾，二人闻讯，逃往国外去了。于是献公立奚齐为世子，骊姬的愿望得以实现。

骊姬陷害申生，扶立奚齐，是一场惊心动魄的宫廷斗争，她运用了树上开花之计，获得成功。骊姬作为战败的骊戎送给晋献公的礼物，本无什么地位，但她凭着自己的美貌和才智，博得献公宠幸，生下奚齐，从此便有夺嫡之心。但她深知，申生立为世子，诸侯尽知，且申生为人仁孝，颇得人心，力量强大，自己一时尚不是他的对手。若想除掉申生，须从两方面下手：一是在献公身上下功夫，让他不但厌恶申生，还要相信申生是大恶之人，才能痛下杀手；二是在朝臣身上下功夫，剪除申生的羽翼，增强自己方面的力量。在这两方面，骊姬都运用了一连串计谋，无所不用其极。比如，为了让献公相信申生有调戏她之意，她竟想出以蜜涂发招引蜂蝶的主意，在本来无花的树上做出花来，而且做得逼真之至，让献公亲眼看见，借献公自己的眼睛欺骗献公。其他计谋，莫不是因势利导，借局布势，壮大自己，削弱对方。就这样，骊姬步步为营，稳扎稳打，巧设机关，布置陷阱，最终把申生逼上绝境，让奚齐取而代之。

第三十计　反客为主

临难不避，班超杀使

班超，字仲升，是扶风平陵（今陕西咸阳市西）人，自小就很有志向。汉明帝时，奉车都尉窦固出击匈奴，让班超代理司马之职，另率一支部队进攻伊吾，大战于蒲类海，获得胜利。窦固看出班超是个有才干的人，便派遣他与从事郭恂一道出使西域。一行人到达鄯善国，鄯善王对他们恭敬备至。可是，过了不久，鄯善王忽然对他们疏远冷淡起来。班超便对随从人员说：『你们是否觉得鄯善王对我们冷淡了？这一定是匈奴的使者来了，鄯善王心中犹豫，不知依附哪一方好。聪明的人在事情尚未萌芽时就已有感觉，何况现在事情很明显了呢？』

原来，汉朝和匈奴是相互敌对的两大势力，双方经常发生战争，又都想把西域置于自己的控制之下，以孤立对方，打击对方。西域存在着许多绿洲国家，但每个国家都不大，人口少，力量也较弱，对汉朝和匈奴，哪一方都得罪不起，只能采取模棱两可的策略，哪一方力量强、威胁大，就依附哪一方。所以班超一行到达后，国王热情招待，而当不久后匈奴使者也到达时，鄯善王便不敢表现出与汉朝使者亲近，以免得罪匈奴。

知彼知己，百战不殆。班超虽然猜测匈奴使者已到，但还是要核实一下，以免误生枝节。他把服侍自己的鄯善人招来，诈他说：『匈奴使者已到了好几天了，现在他们在哪里呢？』侍从突然被问，不知所措，只得把事情真相和盘托出，说：『他们已到了三天了，现在住在三十里以外的地方。』得知这一确切消息，班超立即将侍从禁闭起来，召集起自己所带来的三十六名随员，与大家共饮，酒酣，他激怒大家说：『你们和我现在都在万里异域，想建功立业。现在匈奴的使者才来了几天，鄯善王对我们就疏远冷淡了。如果匈奴人让鄯善王把我们逮捕送往匈奴，我们的骸骨恐为豺狼食矣！你们看怎么办？』众人都说：『现在我们都处在危亡之地，是生是死就看你的了。』班超说：『不入虎穴，焉得虎子？当今之计，只有趁夜用火攻击匈奴人，使他们不知我们人数多少，把他们全部消灭。消灭了匈奴人，鄯善人也就吓破了胆，我们的大功就告成了。』众人说：『这事应当与从事郭恂商量一下。』班超发怒说：『吉凶就决于今日。郭恂是文官，听到这个计谋必定害怕，倘泄露出去我们白白送死，还算什么壮士呢！』众人说：『那就按你的方法办吧。』

初夜时分，班超率领众人偷偷摸到匈奴人的住地。这时正好刮起大风，班超让十个人拿着鼓藏在匈奴人住所后，对他们说：『看到火点燃了，就一起鸣鼓大呼。』其他人则手持兵刃弓箭埋伏在门两边。班超顺风放起火来，埋伏在前后的人一起呐喊，鼓声震天。匈奴人突遇变故，大乱，纷纷向外逃窜，使者及三十余名随从被杀死，其他随员一百余人都被烧死。

第二天，班超把鄯善王招来，拿出匈奴使者的人头给他看，鄯善一国震恐，被班超的威势镇住了。班超好言好语，百般抚慰，劝鄯善王与汉朝交好，鄯善王便把儿子送到汉朝做人质。其后，班超奉命继续在西域从事外交活动，西域五十余国都送质子到洛阳，与汉建立起友好关系。

班超率领三十余人到鄯善，依靠汉朝这一后盾，他们受到了热情招待。但当一百多人的匈奴使团到达时，这一切都改变了。匈奴在军事上并不比汉朝弱，而使团的人数，又大大超过了汉朝，对鄯善是一个现实的威胁，鄯善王心怀疑惧，疏远汉使，是必然的。在孤立和敌对的环境里，班超这三十余人就显得过于单薄，力量太弱了。如不抓住时机，争取主动，让匈奴人知道了消息，抢先下手，不仅班超这三十余人要埋骨荒野，鄯善也会投入匈奴怀抱，给汉朝对匈奴的整体战略造成重大损失。在这危急存亡之时，班超审时度势，认为鄯善王不会主动开罪汉廷，用不着担心，关键是对付匈奴人，战胜匈奴人则汉得鄯善，被匈奴人击败则汉失鄯善。在敌强我弱、敌众我寡的局面下，班超有勇有谋，毅然定计，利用匈奴人不了解情况的有利条件，以夜色做掩护，放火鸣鼓，猝然出击，一举而获全胜，威镇鄯善，反客为主，为汉朝立下赫赫功勋。

王莽沽誉，代汉建新

王莽，字巨君，是汉元帝皇后王氏的侄子。汉朝外戚屡有专权之局，王莽的伯父、叔父在汉元帝、汉成帝的时候，居位辅政，一门竟有几个侯、五个大司马。王氏一门虽然贵显，但由于王莽的父亲王曼死得早，未能封侯。王莽的从父兄弟们极尽声色犬马之乐，唯独王莽家境孤贫。王莽虽然缺乏财富，但他的才智比从父兄弟们都高。他知道自己要想出人头地，就必须博得好名声，于是生活力求节俭，为人谦让。他在沛郡陈参门下研习《礼经》，十分刻苦，衣服被褥同其他贫寒的儒生一样。他侍奉母亲和守寡的嫂子，养育亡兄的独生儿子，非常精心周到。他广泛结交才俊之士，对各位伯叔父都很恭敬。

他的行为见到了效果。汉成帝阳朔年间，他的伯父王凤患病，王莽在王凤身边侍疾，尽心竭力，亲自为王凤尝药，蓬头垢面，一连几月未解衣安睡。王凤自然很欣赏他，临死的时候，把他托付给皇太后和皇帝，王莽因而被任命为黄门郎，升射声校尉。后来。他的叔父成都侯王商上书，表示愿意把自己的一部分食邑分封给王莽。长乐少府戴崇、侍中金涉、胡骑校尉箕闳、上谷都尉阳并、中郎陈汤都是当世名士，都为王莽说好话，于是王莽逐步受到皇帝器重，于永始元年（公元前16）被封为新都侯，食邑一千五百户。他的官职也不断迁升，至骑都尉、光禄大夫、侍中。

王莽尝到了沽名钓誉的甜头，更加注意表现自己，爵位越高，态度越谦虚，家里有钱就散与宾客，赈济别人，不留余财。他进一步结交名士，拉拢朝臣。他让侄子王光到博士门下受学，自己休假的时候，便带着羊酒去慰劳王光的老师，王光的同学们也都沾了光，都感念王莽的好处。王莽安排王光与自己的儿子同日结婚，宾客盈门，王莽故意让人每隔一会儿前来禀告，说他母亲某处疼痛，要吃某药。王莽听后，便起身去照料母亲，直到客人散尽也不出来，以显示自己的大孝。后将军朱博无子，王莽便买一婢女，对人说：『我听说这个女子家中的人能生儿子，就为朱子元买下了。』当天就把婢女送到朱博家中。通过这些举动，王莽的声誉越来越高，朋友越来越多。当时，有官职的大臣纷纷推荐王莽，无官职的名士到处宣扬王莽的美德，王莽的声望已超越他的各位伯叔父。

其时，太后姐姐的儿子淳于长以才能为九卿，地位在王莽之上。王莽暗地里搜求他的罪过，通过大司马曲阳侯王根予以揭露，淳于长被杀，王莽被视为忠直之士。王根请求退休，推荐王莽代替自己，皇帝便提拔王莽为司马，时在绥和元年（公元前8），王莽已38岁。王莽虽然已出类拔萃，身居辅政之位，但他并不以此为满足，一心想使自己的声誉超过前人，因而克己不倦，广泛聘贤良以为掾史，皇帝赏赐给他的邑钱都用来供养读书人，自己的生活却更加俭约。王莽的母亲病了，公卿列侯的夫人们纷纷前来探望，王莽的妻子出来迎接，穿着布短衣，仅仅遮住膝盖，别人以为她是王家的仆人，一问才知是王莽的夫人，无不惊讶。

担任辅政一年多，成帝驾崩，哀帝继位，皇太后王氏被尊为太皇太后。太后命王莽回自己的封地休养，以避哀帝外戚之家。王莽在家闭门不出，谨慎小心，以增加自己的令誉。一次，他的二儿子王获杀了一个奴仆。在当时，法律虽然规定不得擅杀奴仆，但这种事很多，没有人当作一回事。王莽却狠狠斥责王获一番，迫令他自杀，大家知道了，都说王莽公正无私。王莽在家待了三年，这期间有数以百计的官吏上书为王莽鸣冤叫屈，说不应该让他在家闲着，应让他在朝执政。元寿元年（公元前2），发生了日食，这在当时被认为是上天示警的大事，贤良周护、宋崇等人趁机在对策中为王莽歌功颂德，汉哀帝便征王莽入朝。

王莽回到京师一年多，哀帝去世，没有儿子。其时傅太后、丁太后都已先死，政事仍须由太皇太后王氏主持，她即日驾临未央宫，收取玺绶，派人飞马招王莽，将军国大政都交他负责。太皇太后与王莽定策，迎中山王入继皇位，是为平帝，平帝年仅九岁，太皇太后临朝称制，代行皇帝职权，具体政务都托付给王莽。王莽暗中支使益州负责官员让塞外部落贡献白雉，元始元年（公元1）正月，他奏请太后下诏，把白雉献于宗庙，于是群臣纷纷上书，说周成王时，周公辅政，越裳人曾献白雉，现在王莽辅政，德高功大，致有白雉之瑞，正与周成王时事体相同。按照圣王的法度，臣下有大功生前就应得到美号，所以周公生前就托号于周，王莽有定国安汉之大功，应赐号安汉公，增加封户。太皇太后按照群臣建议，以王莽为太傅，号安汉公，邑封二万八千户。

元始五年（公元5），平帝去世。当时汉元帝的直系后裔没有在世者，而宣帝的曾孙中尚有活着的封王五人，列侯、广戚侯四十八人，应从他们中选择一位继任皇帝。但他们都是成年人，王莽怕继位后于己不利，就以『兄弟不得相为后』做借口，从宣帝玄孙中挑选了年龄最小的广戚侯子婴即位，年仅三岁。王莽给子婴取的年号是『居摄』，表明由自己摄政。太皇太后很信任王莽，诏令王莽朝见自己时称『假皇帝』，也就是『代理皇帝』。此时，王莽距帝位只有一步之遥了。梓潼人哀章在长安求学，他一向好说大话，见王莽欲据帝位，便制作了一个铜匮，写了两张标签：一张上写『天帝行玺金匮图』，一张上写『赤帝行玺刘邦传予黄帝金策书』。书中说王莽当为真天子，太皇太后应顺天命传位于王莽。王莽见此大喜，急忙到汉高祖庙中拜受神匮，声称自己不敢不顺从天命，于是即真天子位，改国号为『新』。到此，太皇太后王氏后悔莫及，大骂王莽，但已无济于事了。

王莽因篡汉之事，后世一直被骂为奸险之徒，观其行为，的确充满机巧。西汉后期，外戚在政治生活中的地位越来越重要，往往把持朝政。王莽出身外戚之家，一门九侯，大司马之职操于伯叔父之手，但王莽因父亲早死，在这个贵显之家显得颇为孤单清贫。如果他与从兄弟们一样，是不会受人重视的，很难爬到重要职位上。在当时的社会环境中，除家族地位，个人的才识德行能帮助人们博得声名，王莽既不能指望从家族地位中获利，便从建立声名入手，采取一切手段沽名钓誉，结果，在皇太后王氏的侄子们当中，王莽显得鹤立鸡群，也博得伯叔父们的青睐，在他们的提携下步入仕途。既入仕途，王莽的家庭背景就对他很有帮助了。有家庭背景的依托，再加上他不为暂时的成功所迷惑，而是循序渐进，折节下士，声名越来越高，地位越来越尊，朝野无不称颂，最后不用多费周折，瓜熟蒂落，帝位到手。

第六章　败战计智谋典故

第三十一计　美人计

有施妹喜，惑桀亡国

夏王朝建立之后，有其辉煌的岁月，但传至第十四代的夏桀时，已是风雨飘摇，大厦将倾，岌岌可危。

夏桀其人，据说智力超群，颇有腕力，可以扳直铁钩。然而好大喜功，追求奢侈，贪图享乐的欲望没有止境。夏桀继承王位期间，在夏国的北方的昆吾、豕韦都先后称霸，在其东边的商国也日益强大起来。相比之下，夏王朝日渐衰败。夏桀不甘心这一现实，企图依恃自己的智力和勇武，出兵讨伐相对弱小的邻国。夏桀权衡之后，选择有施氏为突破点，亲率士兵前往。

有施氏深知自己不是夏桀的对手。当得到夏桀率军前来讨伐的情报之时，一面派兵守御，一面召集臣僚筹划对策。危难之时，集思广益，想出了一条暂避祸患的美人计，借以瓦解夏桀的攻势，使自己得以保存，以图后举。计策已定，有施氏部落的首领便令侍从在城门上悬挂白旗，以示投降之意，条件是：夏桀若停止讨伐，有施氏便献上天下无与伦比的美女妹喜。

妹喜是有施氏人家的子女，又黑又亮的一头秀发长可及地，明眸皓齿，光彩照人。夏桀一见，便心摇神动，魂不守舍。立即答应有施氏的求降，鸣金收兵，带着妹喜和有施氏贡献的金钱财宝返回夏朝都城。

天生丽质的妹喜使夏朝后宫的宠妃个个黯然失色，夏桀一心一意爱怜着妹喜。为了讨得妹喜的欢心，夏桀下令重修宫室，富丽堂皇高大无比，抬头仰望，大有倾倒之感，故名为『倾宫』。宫内筑琼室瑶台，走廊上镶嵌着象牙，床榻用白玉雕琢，极尽奢侈豪华之能事。而妹喜深知自己是兵败求生的贡品，牢记有施氏的耻辱和肩负报仇的使命。于是，她千方百计地纵容夏桀浪费钱财，结怨臣民。夏桀对此毫无觉察，只贪图妹喜的容貌和性感的体态，从中获得从未有过的激动，所以对妹喜唯命是从。有一天，妹喜与夏桀对饮，妹喜说：『舞女长得太丑陋，舞池也太寒碜。应该挑选年轻貌美的少女，穿戴五彩绣衣，重修舞池，三千人同时起舞才能赏心悦目。』夏桀立即委派得力宠臣照妹喜所言办理。一时间弄得鸡犬不宁，百姓叫苦连天。好不容易挑选了三千少女，赶制出五彩绣衣，还得找乐师编曲教舞，宫墙之内，忙忙碌碌，待乐师报告舞曲演练已毕，夏桀急可不耐地命令即日在倾宫演出。妹喜陪着夏桀倚栏而观，只见一队队身着不同颜色绣衣的舞女冉冉而入，大红的、翠绿的、天蓝的、雪白的，斑斓的色彩撒满舞池。伴奏的舞曲鸣响，个个脸似芙蓉，腰若细柳，随着音乐节拍，翩翩起舞，翠摇珠动，红飞绿舞，千姿百态，变化无穷；再伴以犹如娇鸟啼春的清脆歌声，使夏桀目迷神移，乐不可支；妹喜也心花怒放，兴奋异常。次日再次歌舞，间隙时由宫奴巡行斟酒，妹喜嫌有碍观赏，便献上一策：与其个个赐酒赐食，不如筑一酒池，池边设肉山脯林。舞罢一曲，由舞女自行采食，将另有一番情趣。夏桀拍手称赏，即刻召见侍臣曹触龙、于辛，命其在倾宫园内修筑可以泛舟的大池，池中贮酒，池旁置肉山脯林。曹、于二人为了邀宠，特别卖力，先令百姓挖一又长又大的池子；将泥土堆成小山，栽种树木；池壁用大石砌成，池底铺上鹅卵石，大小相同，洁净无比，贮以美酒，作为池水；小山上铺绿色布帛，重叠摆上脔肉，犹如石块；树木上挂着用红绿布帛包裹的肉脯，似花若叶。又制作一轻巧的小船，供夏桀、妺喜乘坐，往返浮游于池中。工程完竣，夏桀与妺喜前往观鉴，一见精致的酒池脯林，喜不自胜，急切地登上小船，荡漾池中；三千美女绕池歌舞。歌罢一曲，美女们爬在池边做牛饮之状，接着上山摘吃肉脯，欢声笑语，不绝于耳。夏桀放眼望去，若处在香国之中，流连忘返，如此歌舞不止，还嫌白日太短，又举灯火，做长夜之饮。美女的绣衣沾上酒痕油渍，又赶制新装。三番五次更换，都摊派给穷苦百姓，众百姓敢怒而不敢言。

妺喜对此渐渐厌倦，就怂恿夏桀到民间寻找身怀绝技的角色，诸如弹唱小曲的歌伎、奇形怪状的侏儒、玩杂耍的艺人等，召进宫中，供其取乐。可是，时过不久，妺喜又生厌倦，且突发奇想，对夏桀说：撕裂布帛的声音十分悦耳。夏桀立即下令每天进贡一百匹布帛，命力大的宫女轮番撕裂给妺喜听。单调的撕裂声弄得夏桀和妺喜头昏脑涨，又再变新法：妺喜脱去红装，穿起戎服，招摇过市。几日过后妺喜忽觉还是浓妆艳抹更能使夏桀沉迷，便恢复红装，肆意修饰。不仅如此，妺喜觉得倾宫虽然豪华，但太沉闷，提出要与夏桀上朝，见见群臣朝拜的场面。夏桀当然听从，就搂着妺喜上朝，还让妺喜坐在自己的腿上，听群臣奏事，任由妺喜随意决断。

一批正直的臣子看到夏桀沉迷女色，荒淫无度，靡费钱财，无不为夏朝的命运忧虑。太史令终古首先苦谏说：『勤俭失道的君王，必有亡国之虞。』夏桀不以为然，还以天上的太阳自许，终古见其执迷不悟，便全家逃往商国。大夫关龙逄看到夏桀不仅不纳终古的劝谏，反而强令诸侯国增加贡品，任意挥霍；四处派兵搜罗美女宝货，供其玩乐。就捧黄图进宫劝谏，声泪俱下。夏桀厌恶关龙逄进宫扰乱了他与妹喜的淫乐，勃然大怒，夺过黄图，扔进火炉，顿时化为灰烬。关龙逄对此十分痛心，便冒死说道：『君王不务贤明，不爱百姓，夏朝的灭亡，指日可待。到那时，悔之晚矣！』夏桀一听此言，气得浑身发抖，喝令侍卫将关龙逄推出斩首。

忠臣出走、被杀，佞臣像苍蝇一样乘虚而入，围绕在夏桀跟前，投其所好，搜刮百姓，以大量的金银财宝和美女来满足夏桀的贪欲。不堪重负的百姓，愤恨地说：『天上的太阳为什么不快点灭亡！』面对众叛亲离的时局，夏桀仍沉迷于花天酒地之中，不知祸患将至。当他听到商国日益强盛，为开拓疆域，攻占昆吾，还要进兵夏朝，惊怒并生。可惜强壮魁梧勇武的夏桀，自妹喜入宫之后，日夜淫乐，已经是手无缚鸡之力了。然而，他仍骄妄自负，决心与商国的兵马决一雌雄。两军相遇，夏桀毫无招架之力，只得步步后退，丢盔卸甲，溃不成军。商汤率兵乘胜前进，攻入夏朝都城。夏桀早就携妹喜出逃。商汤进到三㚇才把夏桀活捉，将其流放南巢，不久，便一命呜呼，结束了夏朝四百余年的江山。

舍得美人，得居相位

吕不韦知道，做生意得找一个可以买卖的最好的商品，有的东西干上一年也赚不了多少钱，而有的东西一年干一次也就行了。

嬴异人却是一件干一次而一辈子都享用不尽的商品。

这可真是奇货可居。

嬴异人是秦昭王的太子安国君的儿子，这个二十多岁的年轻人，长得是清秀俊雅，可是由于这一阵赵王不断地派人骚扰，让人看起来显得有点孱弱，脸色也不好看。

自从秦国和赵国在渑池结盟以后，他就被自己的爷爷派到了赵国，当一名人质，一开始的时候，赵王还拿他当成个人看，可是到现在，他混得越来越没有个王孙的模样了。

嬴异人对于自己的命运已经丧失了希望，他知道，自己的父亲有好几个夫人，而他的母亲又早就死了，现在父亲最宠爱的是华阳夫人，而且在父亲那二十几个儿子之中，有他没他对于父亲而言，是没有什么了不起的事，已经一年了，也没有接到父亲和秦国的一点消息，只知道秦国和赵国的关系已经十分紧张。

他没有想到这时的他已经成了吕不韦的一块心病，吕不韦整天想的都是他——一个落魄的秦国的王孙。

嬴异人万万没有想到，赵国的大富翁吕不韦会给他送来他现在最想要的金子，而且说想见见他。

『见就见吧，就今天晚上如何？』嬴异人整天在家里反正也没有什么事，对于吕不韦派来的家人吕三，他看了看吕三送来的金光灿灿的金子，马上就答应了他，而且他从心里也想知道，吕不韦要见他干什么。

邯郸的夜色十分美丽，天空是那样低，星星也好像一伸手就可摘一个下来。

吕不韦的牛车来到了嬴异人的家门口。

被异人迎进了家门的吕不韦，一看见他家里的摆设，就知道，嬴异人的日子还真是不好过。

两人刚在几案前坐了下来，吕不韦就单刀直入地说：『王孙，我可以光大您的门庭。』

『哈哈哈哈！』异人一阵大笑。

『老兄，还是先光大您自己的门庭吧！』异人虽然落魄，但是一个商人和他说这种话，他还是觉得十分可笑。

他看了看吕不韦，吕不韦没有说话。

等异人笑完了，吕不韦又说了：『王孙，我的门庭要靠王孙才能光大起来！』这一回是异人不再说话了。

吕三把从家里带来的美酒拿了出来，又拿出了赵国的美味，两个人都乘这个机会想了一想自己的心事，谁也没有说什么。

『王孙请。』吕不韦先端起了酒杯。

『请。』异人还是那么落落大方，吕不韦心想，异人虽然落魄，但是王孙到底还是王孙。

『听说王孙是当今秦王的嫡亲王孙，为什么反落到这么个地步？』吕不韦说话了，他想要先打掉异人王孙的傲气。

这一问，果然换来了王孙长长的叹息声。

『我虽然是王孙，却是一个不讨人喜欢的王孙。』吕不韦的话，一下就让嬴异人的头低了下来。

『不管怎么说，你也是秦王的嫡王孙，你为什么不把自己现在的处境向秦王和自己的父亲说一说呢？』吕不韦又问了。

『说又有什么用，我是让他们当成一个牺牲品派到赵国来的。』说到这里异人更是十分地悲观。

吕不韦老长一阵没有说话。

『王孙难道不想改变一下现在的这种局面吗？』

『改变？想又有什么用？』异人的头还是抬不起来，却大口地喝了一口酒。『王孙，你难道没有听人说过，塞翁失马，焉知非福？《易经》上也说过，穷则变，变则通嘛！』

又是一声长长的叹气，异人什么也没有说。

『王孙，我能让你成为秦王孙里最受宠爱的一个！』吕不韦一下子就喝干了自己铜盏内的酒。

这一句话让异人瞪大了眼。

他死死地盯着吕不韦，好像一下子明白了许多。

『要是真是如此，我一定要好好地感谢您。』异人对吕不韦尊重起来。

『我还要让您当上秦王！』吕不韦又给自己倒了一杯酒。

『要是那样的话，秦国就是你我两个人的！』异人说的是那样干脆！

『王孙的话说错了，我吕不韦哪里敢和王孙共有秦国的天下，我只不过是想在列国纷争的天下，做一个青史留名风云际会的贤臣罢了。』说完，吕不韦向异人长长地作了一揖。

异人不知道吕不韦如何才能兑现他所说的一切，但是一个家有万金的大富翁，非要给自己这个根本就没有什么把握当秦王的落魄王孙当臣下，也着实让他感动了。

『我看，我们还是做兄弟的好！』异人又长长地向吕不韦一揖。

吕不韦赶忙还了一揖，连声说：『臣下哪里敢，臣下哪里敢啊！』

『哈哈哈哈！』异人又是一阵朗声长笑，说，『老兄，我的秦王不一定当上，不过我倒是真心实意地想结交你这个大富翁啊！』

吕不韦答应了，他比异人大，当了兄长。

两个人长谈了一夜，吕不韦又留下了五百锭金子走了，他告诉异人，他这就西去秦国为异人谋事。而这五百锭金子可以换成上万枚赵国的布币。

十五天后，吕不韦来到了秦国的都城咸阳。

咸阳秦王宫的西首，有一条长长的小街，那里有一处十分高大的府弟，宽敞的屋子和秦王宫正好相配，只不过屋檐下的瓦当比秦宫的小了许多。

这里就是秦国太子华阳夫人姐姐的家。

吕不韦在这座宅子的外边徘徊着。

他的心里在不停地想着自己的计划。这个世界对于吕不韦而言，他自己觉得已经了然于胸了，作为一个商人，手里最有力量的东西莫过于钱了，有了钱就有了一切，人们说得好，有钱能使鬼推磨，有钱能买人的一切。

吕不韦笑了，他突然觉得这不过是过去父亲那一代商人的思想，这已经太落伍了，他要超越的就是这个钱的哲学。现在的吕不韦是这样想的，钱是一个好东西，但不是万能的，能将钱、权、名，这些人们都想要的东西结合在一起，这才是一个完人，一个顶天立地的男人，一个可以主宰自己和一切人命运的人。有钱还要有权，将钱变成权，再从权里变出钱来，而在这个过程中又将名，那个看不见摸不着，而人们又像疯了一样追求的东西像光环一样套在自己的头上，那才是千古一绝，那才是天下第一商人。

而天下第一商人又是天下第一政客。

这能不让吕不韦笑嘛。

『笑得太早了。』吕不韦又自言自语起来，他知道，要想做到这一点，一万里他刚走了第一步，以后的路还长着呢！

而更为重要的是，有的时候，让钱发挥作用的时候，单单地将钱送上去是没有用的，还要靠自己的聪明和才智。

所有的这一切他都有。

吕不韦信心十足地走进了华阳夫人姐姐的大门。三天前，吕三已经将一切打点好了，华阳夫人的姐姐已经收下了吕不韦送来的赵国的珍宝，对于这些东西，没有一个女人不喜爱。

吕不韦知道，送礼要会送，给男人送胭脂说不定会让人打出来，这就和给女人送宝剑一样。

今天的见面礼是一串他从齐国贩来的墨玉珠子，他知道华阳夫人的姐姐长得极是白皙清丽，而这一串墨色的珠宝，会让她觉得自己美如天仙。

果然，那串珠子让这位美艳的妇人爱不释手。

『夫人，我就开门见山地说吧，我是为两个人来的，这两个人关系到夫人家的荣华富贵！』吕不韦知道，他已经有了说话的权利了。

『哪两个人？』夫人一边把玩着那串珠子，一边问。

『华阳夫人和异人。』

『谁是异人？』夫人问。

吕不韦三言两语就让夫人知道了那个在赵国的落魄王孙。

『我是异人王孙的门客，』吕不韦说了一句谎话，『那真是一个让天下豪杰归心的王孙，一个在列国中有名的还算是有点钱的人，自愿地给他当门客这事我想您在列国中还没有听说过吧！』吕不韦话一出口，就让夫人觉得异人这人还真有两下子。

『夫人，您知道，华阳夫人是太子最宠爱的夫人，可是我不知道夫人知道不知道这么一句话？』吕不韦问了。

『什么话？』

『色衰爱弛！』吕不韦的话掷地有声。

『色衰爱弛！』夫人下意识地摸了摸自己的脸，没有哪一句话比这句话更能打动女人们的心了。

『夫人，华阳夫人，您的妹妹，现在是那样美丽，但是她总有老的那一天，天下的美女就像春天的芳草一样，永远是那么铺天盖地，我不知道您想过没有，要是那一天到了，华阳夫人怎么办，而您家又会如何？』

吕不韦的话总是那样有力。

『您可千万别忘了，华阳夫人一个孩子也没有给太子生过，太子却有二十多个儿子，总有一天华阳夫人会老，而总有一天太子也会在自己的儿子里面找一个太子，人们都知道母由子贵这个道理，而到了那个时候，对于您和华阳夫人而言，天就塌下来了！』

『怎么办？』夫人放下那一串珠子。

『我今天来就是给您的妹妹和异人王孙说合的。』吕不韦顿了顿。

『夫人，华阳夫人没有孩子，而异人却是一个母亲早就死了又没有得到太子宠爱的王孙，可是异人是一个很有作为的王孙，在赵国和列国都有特别好的声誉，对于自己的父亲他是那样思念，更为可贵的是，他知道父亲喜爱华阳夫人，就将华阳夫人当成了自己的母亲，您不知道，就因为你们家是楚人，在赵国的异人也穿的是一身的楚服，他天天向上天祷告，让老天保佑太子和华阳夫人永远恩爱，福寿永长！』

看着没有说话的夫人，吕不韦又说了两句：『夫人，要是华阳夫人能真正地认异人为自己的儿子，让太子封异人为太子，华阳夫人就是再老，也不会因为色衰而爱弛啊！』吕不韦是一字一顿地说完最后这句话的。

夫人的心让吕不韦说动了，确实，他说的字字在理，而且方方面面都是为她们家打算的。

『异人是不会忘记自己母亲的！』华阳夫人的姐姐知道这句话的意思。

当天夜里，夫人就进宫找华阳夫人去了，将吕不韦的这些话告诉了自己的妹妹，当然也没有忘记给自己的妹妹带去远在赵国的异人送给自己『母亲』的厚礼。

人们说男人是征服世界的，而女人却是专门征服男人的。

谁也不知道华阳夫人用了什么手段，反正太子答应了她认异人为儿的请求，并且答应华阳夫人，封异人为嗣子，并且专门雕了一枚玉印。

玉印上刻着『嫡嗣异人』四个篆字。

吕不韦的第一步成功了。

现在，在赵国都城邯郸的吕宅里，吕不韦正在和他的兄弟异人喝酒，庆贺这一伟大的胜利。

对于两个人来说，有一个用不着说明的道理，两人都心照不宣。那就是秦昭王死了天下就是异人爸爸的了，而异人的爸爸死了，天下就是异人的了。

望着吕不韦从秦国给他带来的金子，异人笑了。

『这些都是华阳夫人送给您的，送给嫡嗣儿子的。』吕不韦十分认认真真地说，而且按照账单一分不少地交给了异人。

异人心里一阵的感动。

两人开怀痛饮起来，天色越来越暗，吕不韦突然想起什么来了。

『老弟！今天真高兴，我倒忘记了，我有一个爱姬叫红杏，弹得一手好琴，跳得好舞，唱得好歌，让她给咱们助助兴，高兴高兴，你看如何！』

『那可太好了！』异人很长时间没有和女人亲近了，一听吕不韦说到女人，眼立即就放出光来。

一阵环珮之声，一个女子袅袅婷婷地走了出来。

异人看得呆了。

只见那女子粉妆玉琢，白嫩的脸上淡淡地抹了一点红红的胭脂，明亮的瞳仁就像是熠熠生辉的宝石。

她就像从梦里走近了吕不韦和异人，向两人长长地一揖，说：『贱妾见过王孙。』声音如莺。

说完就在堂中边歌边舞起来：

关关雎鸠，

在河之洲。

窈窕淑女，

君子好逑。……

这歌声就像是从天上飘下来的，世界上没有再比这动听的声音了。

异人从来没有见过这么充满了诱惑的身段，那长长的白色的袖子，就像是一支钓鱼的钩子，让异人的眼如死鱼一般。

『太美了！』异人心里在叫喊，而灯下的美人又让他什么也说不出来。

酒的力量使异人跪在了吕不韦的面前。

『大哥！求您将红杏赐给小弟吧！』

『什么！』吕不韦大怒。那满脸的怒气吓得异人的酒一下子就醒了。

『小弟失言，小弟失言！』异人连声说道。

就在这两句话之间，吕不韦的脑海里飞快地闪过了无数的念头。

这是个什么东西！

你还叫人！

杀了这个浑蛋！

阉了这个色鬼！……

送给他！将红杏送给他。……

越到后来，后面这念头就越强烈。

做买卖要有资本，做大生意更要有资本，没有资本什么都没有。

无钱作力，吕不韦想起了父亲的话，为什么无钱作力，不就是因为没有资本嘛！

少有斗智，饶时争时。

有了资本才能干大事，而今天的吕不韦能将自己的全部家财拿出来做这一桩奇货可居的大生意，不投入巨额的资本行吗？

异人在吕不韦想事的时候告辞了，他知道，今天这事干得太傻了，没有吕不韦就没有他的今天，也可能没有他的明天，君子不夺人之爱，可是今天，他却要夺恩人所爱。

异人逃席而去。

他万万没有想到，第二天，吕不韦竟然将那个千娇百媚的红杏给他送来了。

异人觉得有点眩晕，世界上没有比他更幸福的人了。

他不知道，这个美丽的女人已经怀孕了，肚子里有他大哥的孩子！

第三十二计　空城计

成皋空城，计胜庞涓

韩国太子依照孙膑的嘱咐，撤回韩国境内后便安营扎寨，与国都的韩军形成掎角之势。

庞涓带领几个将军来到韩国太子的大营前察看虚实，太子大营营门紧闭。庞葱对庞涓道：『叔父，孙膑多日来紧闭营门，他是不是想拖住我们？』

庞涓沉默了好一阵子，道：『孙膑好像不在营内……』

庞葱不解，问道：『叔父由何而知？』

庞涓道：『孙膑作战，虚虚实实，他要是害怕我们，就会摆出不害怕的样子，不会紧闭营门而不出；他要是想拖住我们，就会摆出决战的样子，也不会紧闭营门不出的……』他突然想到什么，对庞葱说：『他一定是去了成皋……庞葱，我率大军立刻赶往成皋，你带一万人马留在这里，牵制韩国太子。』

孙膑夺取成皋后，知道庞涓不会善罢甘休，为了做好长期坚守成皋的准备，孙膑命令将军们留下少量军队，带大部士兵到城外征粮。他不放心太子，让钟离春骑快马前往国都方向，监视庞涓的大军。

钟离春很快就回来了，并给孙膑带来一个坏消息：庞涓的先头军队离成皋只有三十里路。

孙膑纵是谋略过人，也有些不知所措了，惊道：『他们怎么来得这么快！』

钟离春道：『看来，太子没能牵制住庞涓。』

孙膑非常后悔，道：『真是一着不慎，满盘皆输……』

钟离春安慰他道：『先生，鬼神还有失算的时候，何况人呢……还是赶快想个计策，对付庞涓吧。』

孙膑叹道：『真没什么计策了……城里军队不多，而且大都是一些有伤病的士兵……』

钟离春道：『速把征粮的军队叫回来。』

孙膑摇头道：『来不及了……』

钟离春道：『那放弃成皋，我们到城外集结征粮的军队。』

孙膑道：『区区五千军队，再没有了城池，无法与庞涓的数万大军对抗。』

钟离春道：『我们不与庞涓对抗，回国都与太子的大军会合，重新夺回成皋。』

孙膑道：『如果成皋第二次失陷，大王就不会再给我们夺取成皋的机会了。』

钟离春问：『那……你说怎么办，留在成皋，束手待擒？』

孙膑沉默不语，巧妇难为无米之炊，一个没有士兵的将军战又战不得，跑又跑不得，那这个将军还不如一个平民百姓！

钟离春有些沉不住气了，催道：『你说话呀，实在没办法，我们就走。』

钟离春这么一催，反而令孙膑平静下来了，他问道：『我方才忘问你了，魏国的先头军队是轻装还是重载？』

钟离春回答：『轻装。』

孙膑欣然道：『我有主意了……』

钟离春问：『什么主意？』

孙膑平静地道：『打开大门，让士兵们全部隐蔽起来，放魏军进来……』

钟离春急了，道：『打开大门，这叫什么计策？这跟束手待擒有什么区别？』

孙膑道：『这也许是最好的退敌之计……』

孙膑命冯将军速往城外，命城外征粮军队停止征粮，隐蔽待命，然后召集城内的将军，把自己的计策告诉他们，随后解释道：『开城迎敌，并非我凭空想象，三百年前，楚国公子元率大军攻打郑国国都，郑国人在迫不得已的情况下，打开城门，诈退了楚军，而今我也是不得已而为之。庞涓的先头军队轻装直奔成皋，其意在打我们个措手不及，若用此计便会使他产生疑惑，不敢轻易进攻，我们再让城外征粮的军队装作伏兵，在埋伏中露出破绽，使其疑上加疑，他们退兵数十里。到那里，城外的军队立刻进城，立即做好守城准备。』

有将军道：『军师，如果庞涓的将军看破你的计谋，我们就危险了！』

孙膑道：『我向来用兵是虚中有实，庞涓是屡屡吃亏，这次我们虚中无实，他们还会以为是虚中有实。』

将军们认为孙膑说的确实有道理，便不再怀疑孙膑的计策。

不足一个时辰，魏国的先头军队就到成皋城外。领军的费将军见成皋城门大开，行人往来不断，好像一点防备的样子都没有，不由纳闷。随行的将军道：『费将军，既然敌人没有防备，我们就来个突然袭击吧。』

费将军道：『元帅说过，孙膑作战一向虚虚实实，城门大开，是装作毫无防备，诱我进攻，然后图之。』

费将军命令奸细马上混进城内，查明详情，同时派人到城外四周查探，看有没有伏兵。最后才命令军队，做好攻城准备。

随行将军不解，问：『费将军，你不是说孙膑有诈嘛，为何还要攻城呢？』

费将军道：『我也给他来个虚虚实实，真真假假。』

费将军的这一步棋确实令韩国的将军们惊恐不安，他们认为魏军已经看破了孙膑计策。

钟离春道：『先生，现在把城门关上还来得及。』

将军们随声附和：『若不关闭城门，庞涓的军队突然袭击，就麻烦了。』

孙膑沉思片刻，道：『他们这是试探。』

将军们道：『军师，还是小心为好。』

孙膑正色道：『我从来不做没有把握的事……你告诉所有人，让他们按计策行事，违令者斩。』

将军们虽心存疑惑，但还是按孙膑的命令而行。

人们都说孙膑有百战百胜之能，可他也是肉身凡人，是人就有人的弱点：脆弱。只不过孙膑善于掩饰人的弱点而已。当将军离开他的住处，他身边只有钟离春的时候，他再也无法掩饰了。

钟离春问他：『先生，你是不是很有把握？』

孙膑道：『没有。』

钟离春又问：『那为什么要打开城门？』

孙膑道：『没有退路了。』

钟离春再问：『那庞涓的大军要是看出先生的计策，怎么办？』

孙膑道：『只好认了。』

钟离春急了：『先生，我现在带你悄悄离开。』

孙膑道：『不行，一个军队的统帅就是死也不能抛弃自己的军队，抛弃了军队就再也没有资格做军队的统帅，我是一个兵家，没有了军队，在这个世上还能做什么？还不如死了好。』

钟离春不无伤感，只喊了一声：『先生……』就说不出话来了。

孙膑忽然感到了从未有过的软弱与无奈，轻声道：『钟离姑娘，你一个人先走吧。』

钟离春断然道：『我不走。』

孙膑用命令的口气道：『你走吧！』

钟离春眼里含着泪，道：『我不走，我既然跟随先生，就要和先生在一起，生也在一起，死也在一起。』

也许每个人只有将要走完人生全部的历程时，才能领悟到爱情的可贵；也许每个人只有走到生命尽头的时候，才会说出心中最后的秘密。此时孙膑终于打开了关闭了很长时间的心扉，轻轻道：『钟离姑娘，我曾经伤害过你，别记恨我，在齐国的时候，我不该回绝你……』

钟离春装作无所谓地：『那已经是过去的事了，我们不再提它，好吗？』

孙膑道：『我心里放不下……』

钟离春道：『我知道你是为了我的自尊心……』

孙膑：『不，不是……其实我心里早就有你，当时我身有残疾，庞涓又四处追杀我，我不想让你跟我过颠沛流离的生活，所以我才不得不推辞你。』

钟离春极力控制着自己，但泪水还是从她眼中流了出来，她一头扑到孙膑的怀里，抽泣着：『孙先生，我……我早就盼着你……说喜欢我……』

孙膑抚摸着她的肩头，自语道：『但愿我们这一次能度过危难……』

孙膑深情款款地抚摸着她，两人紧紧相拥，真不知道这对孙膑意味着什么，是爱情的永恒，还是无可挽回的失败？也许上苍就是这样安排的吧……

费将军的士兵们做好了一切攻城的准备。费将军立在车上，望着前方，他在等待奸细的消息。

奸细的快马终于回来了，费将军迫不及待地：『怎么样？』

奸细道：『不出将军所料，孙膑早有所备，我混进城门，看到了隐蔽的韩军……』

费将军问：『有多少人？』

奸细道：『看上去不少，街两旁的院内，无处不有韩军的身影与旗帜。』

费将军的手下道：『将军，看来我们只有等待元帅的大军了。』

费将军没有表态，他还要等待成皋城外的消息。

一个将军骑马而来，他是方才受费将军之命派奸细到成皋周围查探伏兵的将军。那将军来到费将军面前，道：『费将军，在我们两侧，发现了孙膑的伏兵……』在场的将军们不由一惊。

有人问：『有多少人？』

那将军道：『奸细说很多，树林草丛中都是……而且正向我们这边移动……』

费将军冷冷一笑：『幸亏我多长了一个心眼……』

他命令军队后撤三十里。

费将军的撤军给孙膑赢得了宝贵的时间，孙膑命令城外军队速速回城，征集来的粮食能带回多少，就带回多少，带不回来的，一定要藏好，不能让庞涓得到。同时征集城里青壮年百姓，把他们编入军队，把百姓家的粮草集中起来，统一发放。当费将军知道自己中了孙膑的计谋时，庞涓大军已经到了。费将军向庞涓请罪道：『元帅，小人无能，请元帅处罚。』

庞涓大度地：『这不怪你，只能怪孙膑太狡诈了。』

他饶恕了费将军。费将军感激不已，请命率军攻打成皋。

庞涓道：『我没打算攻打成皋，我要围困成皋，兵不血刃，活捉孙膑。』

庞涓命疤脸奸细想办法在魏国大军包围成皋之前，混进城内，打探孙膑到底有多少粮食，嘱咐他探不清楚不要回来报告。

韩国太子得知成皋被困，正打算率大军增援成皋，韩王派人送来急信，命他立即率军回国都新郑。

太子自负地对韩王派来的将军道：『你告诉父王，将军在外，君命可以不受。』

将军劝道：『大将军，你这话是死罪。』

太子很不服气地道：『军师也说过这种话，父王并没处死他。』

将军道：『孙膑是外邦之人，大王是为了利用他，你不同，你是太子，必须听大王的。』

太子道：『如果因此成皋失陷，谁负责？』

将军道：『大王负责。』

太子不信：『父王说过这种话？』

将军道：『大王的信中有这个意思。』

韩国太子无话可说，只得回师国都。

孙膑盼来盼去，迟迟不见韩太子的援军，成皋城内所有粮食集中起来也不足三十天所用，孙膑只得派钟离春回国都找申大夫。他对钟离春道：『今夜，你带上我的信，立刻回国都找申大夫，让他协助太子率兵解救成皋之围。信中有退敌的计策，请申大夫想方设法劝太子按计策行事。路上千万小心，成皋的安危，全在你手中了……』

钟离春让孙膑放心，她说办这种事，万无一失。

韩王召集朝中大夫商议成皋被围之事，左大夫自作聪明道：『魏军军队兵强马壮，庞涓又善于诡计，开始微臣就反对与其交战，如今孙膑被困成皋，微臣认为，这只是庞涓的诡计的开端，他还有更大的阴谋……』

韩王问：『什么阴谋？』

左大夫道：『孙膑守卫成皋区区不足五千人，庞涓十万之众，本可轻而易举攻克成皋，他却不攻……』左大夫看了众人一眼，『微臣认为，他这是以成皋为诱饵，引诱大王的军队前往成皋，一举消灭，然后挥师南犯，直取国都……』

韩王颔首道：『庞涓的用心非常险恶……』

申大夫：『大王，左大夫所说毫无根据。庞涓所以围而不攻，一是怕孙膑，二是怕大王。成皋城池坚固，易守难攻，加之孙膑用兵如神，庞涓担心一旦攻城不克，魏军将元气大丧，若此时大王的军队兵临成皋，庞涓必败无疑。因此，大王应该立刻出兵解救成皋之围，才是上策。』

韩王沉思道：『你说得也有道理……』他对司马大夫说：『司马大夫，说说你的看法……』

司马大夫道：『庞涓围困成皋，大王理应派军队解救，可庞涓围困成皋，并非为难大王，而是为了孙膑，大王不如坐山观虎斗，若庞涓不能攻克成皋，待他疲惫之时，再发兵成皋，可稳操胜券；若庞涓攻克成皋，大王则顺水推舟，把敌视魏国的责任推到孙膑身上，庞涓围困成皋，本来就是为了私怨，他也可就此下台阶，与大王和好……』

申大夫道：『此计不可取，成皋是大王的成皋，孙膑是大王的谋臣，大王怎么可以置成皋于不顾，坐山观虎斗呢？』

司马大夫道：『庞涓有十万之众，孙膑声东击西也没赚到半点便宜，谁有把握战胜庞涓？』

有人在王宫门口道：『我……』

大家侧身看去。

风尘仆仆的太子站在宫门口。太子上前向韩王叩头施礼后，对韩王道：『父王，庞涓并不可怕，若不是父王急召儿臣返回国都，儿臣早已杀回成皋，与庞涓一比高低。请父王下命，儿臣即刻率军杀奔成皋。』

韩王道：『太子别急，待寡人与大夫们权衡利弊，再做决断。』

太子急道：『军师常道：兵贵神速……而你们议来议去的，贻误战机，何人负责？』

韩王很是不快，骂道：『放肆！他们都是寡人的谋臣，是寡人请他们来议论成皋被围之事。』

太子道：『父王，儿臣可对宗庙内的祖先起誓，定败庞涓于成皋城外！请父王发兵。』

韩王挖苦道：『上次也是你起誓，成皋还是丢在你的手里。』

太子不服，道：『儿臣用计牵制庞涓，军师趁此夺回成皋，儿臣已经将功补过。』

韩王道：『你们中了庞涓诡计，还蒙在鼓里……庞涓是以成皋做诱饵，引诱孙膑上钩……』

太子道：『父王，庞涓没有这么高明，父王可能是被庞涓吓住了。』

韩王是真的发火了：『胡说！天下没人能吓得住寡人！』

见韩王真的发火了，太子只好收敛了锋芒。

大夫们离开后，韩王对太子道：『寡人并不打算放弃成皋，也不准备抛弃孙膑，寡人之所以让大夫议论一番，是借他们的脑子，权衡利弊……这就跟商人做买卖一样，如计算不好，就会赔本，所不同的是，商人这次赔了，下次还能赚回来，可你若赔了，可就没有下一次了……』

太子道：『父王，你怎么知道儿臣会赔呢？』

韩王道：『天下大国的将军，除了孙膑，还没有一个人战胜过庞涓，如今孙膑又被困在成皋……为父不能不为你担心。』

太子很是不服气，道：『父王，没有孙膑，儿臣一样可以打败庞涓。』

韩王道：『太子，寡人欣赏你的勇气，但只是凭勇气是不能战胜敌人的，要战胜敌人必须靠智慧。』

太子问：『这么说，父王不打算出兵解救成皋之围了？』

韩王道：『不，兵要出，但不能鲁莽行事。』

太子不明白，问：『那父王的意思是……』

韩王道：『你率大军在距庞涓三十里外安扎营地，见机行事……若庞涓攻克成皋，你便按兵不动，为父想办法向庞涓要城；若庞涓久攻不克，你可乘其疲惫，与孙膑里应外合，设法退敌……』

太子惊道：『这样做，太对不起孙膑了吧……』

韩王道：『国家之争，只有国家利益，没有个人的感情……你知道这句话是何人所说吗？』韩王道，『是你的母后……一个女人都尚能有如此见解，我们男人，尤其是执掌国家的男人，难道还不如一个女人吗？』

太子想了想，道：『父王，儿臣明白了……』

太子是明白了，可是包括申大夫在内的所有的韩国的人都不明白为什么韩国的援军会在成皋三十里外按兵不动。成皋的将军们问孙膑，孙膑也不知道其中缘由。

第三十三计　反间计

穆公利化，由余投秦

春秋时代，由余原来是晋国的一个谋士，他聪明敏锐，学识广博，才华过人。但在晋国时长期怀才不遇，遭到奸人忌妒，于是他便只得离开晋国，后来辗转投奔到了秦国西边的西戎国，被委以重任，成为国中的权臣。

秦国在西戎国的东边，当时西戎国主赤班见近邻秦国日益强盛，便派遣权臣由余，以使臣与间谍的双重身份，到秦国去考察出访及打探政治军事实情。由余奉命到达秦国之后，便得到盛情款待与贵宾礼遇。秦穆公任好（公元前659—621年在位），为显示秦国的富强并以此相利诱，便亲自陪同由余参观御花园和富丽堂皇的宫殿，但由余笑而不语。穆公对此疑惑不解，便问。他说：『先生对这些有何观感？』由余不做回答，且反问说：『请问大王，大王的花园是人工建造？还是鬼神代劳所修的呢？』由余的反问，颇有讽刺之意。秦穆公一听很不高兴，便不耐烦地说：『你们戎夷人不懂得礼乐，又怎么能治理好国家呢？』由余则冷冷地回答说：『什么礼乐，它恰是中国长期战乱的原因。古时圣人制礼作乐，原本是约束民人，使其行为有所遵循。现在有权势的人，却将礼乐作为掩饰自己劣迹的幌子。而我们戎国，人们不受礼乐的拘束，上下真诚相待，君王无为而治，不重刑、不扰民。这样，反而达到圣人所言的境界。这样看来，礼乐有何用？』结果，秦穆公听了之后竟无言可对。他回宫后便向大臣百里奚复述了这一切。百里奚则说：『由余原本是晋国的大贤人，对此我早有所闻。』穆公又说：『邻国若有大贤人将威胁秦国，像由余这样的贤人为西戎谋事划策，实在太可惜呀！』百里奚则乘机禀告：『内史廖足智多谋，大王您可以请他商讨对策。』内史廖见了穆公后，果然出奇谋说：『西戎王赤班，身居边陲之地，孤陋寡闻，从未听过中国之乐声，若给他送去一队女乐，必使其沉迷于声色之中，而荒废政事。另外，可将由余盛情厚待，挽留一年，使其逾期不归。这样，戎王必然要对他心怀疑虑，而加以疏远。到那时，由余将会留仕秦国。』秦穆公采纳了他的建议，于是便精选了六名擅长音乐歌舞的宫中美女，送给西戎国王。戎王赤班一见，万分高兴，从此便每日白天狂歌欢舞，夜里则由美女伴寝，神魂颠倒，渐渐将政事疏怠了。而由余被秦国盛情款待一年之后，才回到西戎国。西戎国主怨他迟迟不归，且心有疑忌。加之由余归国后劝赤班不要过于迷恋女色音乐，更激起他的反感，便渐渐与他疏远。由余预感到西戎国难逃灭亡的命运，便有去投奔秦国之意。

不久，秦穆公派出间谍到西戎国与由余秘密见面，由余便投奔到了秦国。由余到了秦国以后，受到了秦穆公的召见，并封他为亚卿。由余在西戎是权臣，又参政多年，对该国的山川地形、军政内幕、人文实情，了若指掌。为了报答秦穆公的厚遇之恩，于是献出了攻破夺取西戎国的奇谋妙计，并请穆公派兵征讨。而秦军到达西戎国境后，由于敌情熟，山川地形又加以先前掌握，于是用兵有奇效显胜，迅即将西戎的十二国加以消灭。从此之后，秦国成为称雄西方的强国。

由余既是西戎国主派遣使秦的政治间谍，同时又是一位颇有才能、深知敌之内情的大贤人。因此，这样的人物，若为敌则将成害，贻患无穷，但若能利诱为己则将化害为利。秦穆公对此深有认识。他为了『利化』由余，采用如下手段。其一，以礼相款、盛情以遇来显示国之盛强与礼乐之道，以『礼』利化之；其二，施计换得留秦一年，迟迟归国，使之与国主离间有隙，而为避覆，有去秦之念，此乃以计利化之；其三，奔秦后，穆公召见，封以高官显职，使之有报效知遇之恩之意，此为以富贵利化之；其四，由余献灭西戎奇计谋略，秦王用之，收取大胜之效，此为化害而收实利。

第三十四计 苦肉计

要离博信，刺杀庆忌

春秋时期，吴王阖闾刺杀了吴王僚登上王位以后，吴王僚的儿子庆忌，逃奔在国外，招募勇士，伺机复仇。阖闾深知庆忌胆量与武艺高强过人，故对他经常活动极为忧虑，为除政治隐患与强敌，决定派勇士行刺庆忌。对此，伍子胥向他推荐身材矮小、腰大貌丑的勇士要离。要离为『博信』庆忌，便采用了苦肉计。故意智激吴王以残己。

有一天，伍子胥与要离一起，入朝拜见吴王，并要举荐要离为将军，统率吴军去进攻楚国。吴王一听，便怒斥伍子胥：『此人身矮力弱，杀鸡无胆，骑马无威，怎能带兵打仗？』要离则呈奏说：『大王可谓忘恩到极点了，伍子胥为大王安定了江山，大王却不肯替他报楚王的杀父之仇。』吴王听后，便勃然大怒，说：『这是国家大事，非你所知，居然还敢当面责辱寡人，真是岂有此理。』当即命人将要离的右臂砍了，且下狱治罪，并拘留了他的妻子。

过了不久，伍子胥暗叫狱官放松对要离的监视，要离趁机越狱跑了，吴王则趁机下令将要离的妻子斩首示众，以示惩戒。而当要离逃出吴国后，探知庆忌在卫国，便投奔而去，且沿途逢人便诉说自己的冤情。

到了卫国见到庆忌后，庆忌先是怀疑诡诈，不肯收容，直到亲见他被吴王致残的右臂，方才相信，且问他投奔自己的意图何在。要离则说：『臣闻阖闾杀了公子的父亲，夺了王位，现在公子联合诸侯，想复仇雪恨，所以特跑来投靠您，虽不能替公子冲锋陷阵，但做向导还可以，因为我对吴国的山川地形还是十分熟悉的。只要能为公子报仇，我亦雪了吴王杀妻之恨，也就算是心满意足了。』但庆忌仍未敢对他深信，直至心腹报告，要离之妻确被吴王斩首示众了，这时，庆忌才对要离逐渐深信不疑。接着，庆忌便要要离献如何才能复仇之计。庆忌说：『阖闾用伍子胥和伯嚭为谋士，选将练兵，国内大治，我兵微力寡，怎能与他抗衡？』要离则回答说：『伯嚭不过是个无谋之辈，只有伍子胥算个智勇皆备的人才，但与阖闾貌合神离。』庆忌则追问其原因。要离答道：『伍子胥之所以尽力帮助阖闾，目的在于想借吴兵以伐楚，为其父兄报仇雪耻。但现在楚平王已死，仇人费无极也亡故了。阖闾则安于王位，天天只顾沉湎于酒色之中，不想替伍子胥复仇了。前不久，伍子胥曾保荐我率兵去伐楚，吴王便曾当面斥责他，且加罪加害于我。由此伍子胥便对阖闾积怨颇深。这次越狱逃跑，也是伍子胥买通狱官才成功的。他曾当面叮嘱我：「你此去先面见公子，察看动静。若肯为我伍子胥报仇，愿做内应，以赎过去杀君之罪。」公子如果现时还不肯发兵入吴，更待何时呀？』说完便在地上撞头，且俯地大哭。庆忌听罢，则表示愿听他的话，答应在短期内伐吴起兵。接着，又将要离带回自己的根据地艾城，将他作为心腹，且委派他去负责训练军士，修治兵船。三个月之后，庆忌果然兴兵伐吴，分水陆两路向吴国进军。进军中，庆忌与要离同坐在一条兵船上，船到中流，但后面的船忽然跟不上来。于是，要离趁机对庆忌说：『公子可在船头坐镇，这样，船工们便不敢不卖力了。』只见庆忌坐在船头，要离则用一只手持戟侍侧于一旁。突然水上起了一阵怪风，而要离则转过身去，猛然一戟插在庆忌的心窝之上，直穿出后背。庆忌见自己遇刺，便拼命反抗，将要离两脚倒提在水中沉溺三次，再苦笑说：『你可算是个勇士，连我都敢行刺。』左右兵士要将要离刺死，但庆忌则说：『此乃勇士也，放他走好了。』说完，自己也因流血过多，伤势过重，倒地而死。而要离见自己所施苦肉计已获成功，任务已经完成，便也夺剑自刎身死了。

要离为了完成自己身肩的政治使命和任务，首先是必须接近吴王的政敌庆忌；其次则是要取得他的信任；最后则是为其出谋划策，牵着他的鼻子走，且乘其不防，攻其不备，置之于死地。为『博信』于庆忌，要离使用了颇为高妙，且具极大迷惑性的『苦肉计』政治手段：一是佯激吴王，使之愤怒，然后为其断右臂，以示惩戒；二是使吴王狱系要离，使之成为阶下囚；三是吴王斩杀要离之妻以示众，使之更欠政治血债。这三部曲中，导演是伍子胥（伍员），引荐者、放囚者，诡称『离德者』（与吴王）均是他。此三部曲实施后，果然庆忌对要离深信不疑，并将他视为政治『知己』，引为心腹；接着，便按要离所设『伐吴』政治圈套行事。在『伐吴』途中的船上，要离则乘庆忌不防备，将其刺死。而自己在实施此计中，也付出了断臂、妻斩、杀身的沉重代价。

周瑜黄盖，一打一挨

赤壁大战前夕，东吴兵马总督周瑜召集众将说：『曹操率百万之众，连营三百余里，与我们隔江对峙已近月余，看来这不是一时可以决胜的战役。诸将可领三个月的粮草，做长期御敌的准备。』老将黄盖说：『别说三个月，就是三十个月的粮草，东吴也支付得起。不过，当初都督在我主面前夸下海口说，不日即可破曹。如今却要迁延三个月之久。我看一个月内能破便破，不能破敌，不如依张昭之言，弃甲倒戈，北面降曹算了。我跟随吴主三世，纵横南北，还从未打过这样的窝囊仗呢！』

周瑜见黄盖在众将面前如此抢白他，怒发冲冠，厉声说：『吾奉主公之命，督军破曹，主公有言在先，军中敢有人言降者必斩，你今天在两军交战之际，动摇军心，不杀你难以服众。』当即喝令左右将黄盖推出帐外斩首。黄盖见周瑜要杀他，便大声怒斥说：『黄口孺子，我打江东祖业之时，哪有你来？你今天却在我面前逞威，主公在我面前还要让三分。』

大将甘宁劝周瑜说：『黄将军是东吴老将，请都督宽恕他吧。』周瑜转而斥责甘宁说：『你怎么敢在军政大事上多言多语，乱我军法度？』说着下令让军士把甘宁打出帐外。

此刻在座所有众将都跪地求周瑜说：『黄盖违令乱法固然该杀，但大敌当前，先杀大将恐于军不利，请都督先记下这桩罪过，待破了曹操之后，再杀他也不晚。』周瑜转而指着黄盖说：『如果不是众官求情，今天就斩了你，待破了曹操，定斩无疑。』说罢，命左右军士先打黄盖一百杀威棒。打了五十之后，众官又求情，周瑜对黄盖说：『你还敢小看我吗？暂且先记下五十军棍，如有怠慢，二罪并罚。』说罢，带着怒气进了寝帐。

众将扶起黄盖，见他被打得皮开肉绽，心中无不惨然。在扶其回寨的途中，竟昏厥了几次。黄盖醒来时，只是长吁短叹，只字不语。

军机参谋阚泽来看黄盖时，黄盖令左右侍从统统退出，阚泽问黄盖说：『你过去与都督有仇吗？』黄盖说：『没有。』接着又恳切地对阚泽说：『你我二人情同手足，别人不是我的心腹，我这儿有降书，求你替我转送给曹操。』阚泽说：『我愿为你效力。』黄盖一听他答应得如此痛快，激动得从榻上滚下来，向阚泽拜谢。黄盖被打的消息，在周瑜营中做内间的曹将蔡中、蔡和早已用密书报告了曹操。阚泽向曹操献书，也得到了曹操纳降的应允，并遣阚泽回江东，为黄盖归降传递信息。

阚泽回来后，与黄盖商议一番，马上写密书告诉曹操说：『黄将军欲来，只因难得方便，寻到机会后，再告知丞相。』

几日之后，黄盖又遣人给曹操捎信说：『周瑜这几天守关严谨，因此一直不能脱身，今有鄱阳湖运粮军到，周瑜差遣我巡哨，我因此得便，今夜三更左右，我乘机杀掉运粮吴将，劫粮去降丞相，船上插青龙牙旗的便是所劫的粮船。』曹操接信息后十分高兴，于是专候黄盖船到。

当晚，东南风初起，有人报告曹操说：『江南有一簇帆幔，顺风而来，船上插的都是青龙牙旗，其中一面大旗上写着先锋黄盖的名字。』曹操笑着说：『黄盖投降，真是天助我啊！』

这时，在一旁观望良久的谋士程昱对曹操说：『丞相，来船必有诈，不能让他靠近我寨。』曹操问：『你怎么知道？』程昱说：『粮在船中，必定是稳而重，我看这船却是轻而浮，再加上今夜是东南风，如果敌人用火来攻，怎么抵挡？』曹操说：『粮船是稳而重，草船也是浮而轻的，黄盖所劫之船粮草皆有，草船快，必然行在前，这有何可疑？』程昱说：『周瑜既然痛打了黄盖，怎么又能用其为先锋呢？他打先锋旗号而来，必定是率军来火烧我水寨的！』曹操听罢，方有所悟，于是派大将文聘率水军去阻击。

文聘刚出水寨阻击，就被来船射倒在船中，船上一阵大乱。这时只见来船直冲入曹营水寨，各船一齐发火，船上军兵纷纷跃入水中。顿时曹军水寨燃起了大火。

此时此刻，曹操才知道自己中了黄盖的苦肉计。

原来，周瑜本欲往曹营派内奸，以控制和把握曹操发起总攻的时机。但用谁为间，一直想不出办法。这时，黄盖来营中议事，周瑜便把自己的苦衷说了出来。黄盖慷慨地说：『我愿为都督行此计。』周瑜说：『你是东吴旧将，无故降曹，他怎肯信呢？』黄盖说：『依都督的意思应当怎么办？』周瑜说：『看来只有用苦肉计了。』黄盖说：『我受孙氏恩赐多年，今天即使是肝脑涂地我也无悔。』周瑜激动地说：『将军肯行苦肉计，是我江东的造化，也是孙氏的大德啊。』黄盖说：『都督不必多言，只管吩咐如何行计就行了。』周瑜说：『我江东也少不了有曹操的奸细在此，你在这里受苦，曹操也一定会知道，你自己设法用计就行了。』二人如此商议好后，才有了上面的那段精彩表演。

这是中国古代政治斗争中，周瑜所施的典型的苦肉计及成功的范例。此计在实施中，有如下特点：一『苦』则苦在黄盖苦劝周瑜率部降曹遭拒；二『苦』则苦在枉遭重杖，直打得老将军血肉模糊，皮开肉绽，苦委其刑；三『苦』则在黄盖多次给曹操的投降信表的良苦用心和实施计谋，终使曹操不仅不疑，且任听黄盖的摆布，最后在不防不御中间，上当受骗，在苦肉计中深陷计中，全军覆没。

王佐断臂，伪降金军

南宋时期，宋金对峙，互为敌国，两军交战，各有胜负。高宗时，金军主帅兀术率金兵南下，与岳飞率领的宋军在朱仙镇对阵交锋。其中，金军中有一年轻小将，名陆文龙，是兀术收养的宋潞安州节度使陆登的儿子以做义子。文龙不知自己的身世背景，但在金军中以骁勇善战而闻名。此次朱仙镇战斗中，他曾多次斩杀宋军的重要将领，致使宋军一时颇为失利。

恰在此时，原为杨幺的部属、后投归宋军的部将王佐，见岳飞因失利而愁闷时，便欲援引苦肉计策，以破敌营。但为博得金军的信赖，必须作为受迫害的样子，方能释疑消惑。于是，便用『自伤』『自残』之法，他取剑狠心咬牙，将自己的右臂砍下，又将药敷于伤口之上以止血。之后连夜去见主帅岳飞，说明施计的全部意图。岳飞见此，不禁潸然泪下，说：『事已如此，你只管去好了，所有亲眷及家事，我自会好好照应。』于是，王佐连夜赶至金营，见到守卫金兵，说明来意，并求见兀术。当见了兀术之后，王佐哭诉说：『小臣王佐原是洞庭湖杨幺的部臣，曾受封为侯。只因杨幺事败，小臣无路可走，才不得不归顺了宋营。现今大军到此，大败宋军，又连斩数将。岳飞无计可施，只得挂起免战牌。昨夜他聚集诸将领商议军务，小臣进言说，如今金兵二百万南下，如同泰山压顶，如若再战，犹如以卵击石，实难对敌。不如差人讲和，庶可保全，方为上策。不料岳飞一听，竟勃然大怒，反说臣怀有二心，命人将臣砍去一臂。且要小臣前来降顺报信，说他即日就要来擒捉狼主，杀到黄龙府，踏平金国。臣若不来，他则要再断另一臂，因此特来哀告恳求狼主。』说完故意放声哭泣，且从袖中取出断臂呈上给兀术验看。兀术听了，心中大为哀怜，就对王佐说：『为你吾家断了此臂，受此大难。现封你为苦人儿之职，在此养活你一生。』又传命军中：『今后苦人儿到处居行，任他行走，违令者斩！』从此之后，王佐每日得以在金军中，随意穿营入寨，行动自由自在，毫无阻拦与顾忌。

有一天，王佐来到陆文龙营中，见有一老妇坐着，便向老人问候。又询及老人何处人士，老妇说是河间府人。王佐又问：『既是中原人，又为何来到此处？』老人则叹息道：『听你口音，也像是中原人士。

现今是他乡遇故人了，现说与你听其中原委，想不碍事，只是不可泄露与外人知晓。这陆文龙小殿下可是吃我的奶长大的。他原是潞安州陆登老爷的公子，被狼主抢到此间，做了义子，已经有十三年了。』王佐听罢，心中暗喜，却安慰老人一番，起身告辞。又过数日，王佐有意随陆文龙的坐骑后行走，文龙一见，便招呼道：『苦人儿，你进来吾家营中吃饭。』王佐便随之进营帐，文龙问：『你既是中原人，那么中原人有什么故事，快讲两个与我听听。』王佐连声答应，且绘声绘色地给陆文龙讲了西施随『越鸟南归』返回故国，以及『骅骝向北』等怀念故土旧主的故事，使文龙听罢感叹唏嘘不已。从此，便要王佐经常给他讲故事以消闲。有一日，王佐又到陆文龙营帐之中，且声称要讲一个最为精彩的故事给他听，然只能殿下一人听讲，外人不能听闻。于是，陆文龙立即斥退左右侍者，恭候听讲。接着，王佐从衣内取出一幅图画给陆文龙看。画中大堂上地下死着一个将军，一位妇人，且又有一小孩在那妇人身边啼哭，周围则站着许多金兵。陆文龙看完画，不解其意，但见画中为首的一位金军主帅，颇像自己的父王兀术。于是，便要王佐详加解释。王佐则说：『这画中故事所在，正是中原潞安州。画上死的老爷，乃潞安节度使陆登。这死去的妇人，则是老爷的谢氏夫人。这个公子，则叫陆文龙。』陆文龙一听此言，不觉大惊，便问：『此人怎么也叫陆文龙？』王佐则说：『殿下听着，那年金军攻破潞安州，老爷尽了忠，夫人殉了节。兀术见公子幼小，便叫乳母带着，认作义子，现今已十三年了。可叹这陆文龙不但现在不给自己的父母报仇雪恨，反倒认仇做父，好不令人痛心呀！』陆文龙追问道：『难道你说的是我吗？！』王佐道：『对，说的认仇做父的正是你。你若不信，请问奶娘便可知晓实情。』话犹未尽，只见那奶娘走了进来，哭啼说：『将军之话，句句是真，老爷夫人死得好惨哟！』陆文龙听罢，于是哭着下拜说：『不孝之子哪知有这般实情。

今日知晓，怎不与父母报仇？』说完便拔剑要去杀兀术，王佐却立即阻止说：『公子千万不可莽撞，且再容几时，等待时机成熟，再报仇之后，归返宋营，方是上策。』陆文龙便答应一切听候王佐的调遣和安排。恰在此时，金军中新增『铁浮图』的轰天大炮，金军统帅兀术大喜之余，传令在天黑时，将此炮调运至宋军营地周围，备好火药，待夜半时进行轰击，妄图将岳家军一举消灭。陆文龙获悉此重要军事情报后，便立即禀告王佐。王佐与陆文龙商定后，决定设法通知岳飞加以防范，其具体办法则是用『箭书』加以通报。于是，当晚陆文龙便将载有金军情报的『箭书』射进宋军营垒之中。岳飞接报后，便立即命令各部人马，撤往凤凰山躲避。待到三更时分，金营中果然射出轰天大炮，火光冲天，地动山摇。岳飞站立在凤凰山头，见此烟火腾空的情状，不禁叹惜说：『多亏陆文龙的一封箭书，及时相告。也更惜王佐的一条断臂，方才挽救了宋军六七十万人马的性命。』不仅如此，待次日天将明时，陆文龙、王佐与奶娘，也趁天色未明，金军营中混乱之际，逃出金营，投归宋军岳飞营地而来。

王佐断臂诈降金，是中国古代政治斗争中，使用自伤、自残之术，以『博赏』政敌，实施『苦肉计』而获大胜的典型事例。在此计的实施过程中，施计者为王佐，行计的对象则是金军主帅兀术与战将陆文龙。其行计中，真真假假，假假真真，目的则在于离间兀术与陆文龙的关系，策划陆文龙反正而归宋，同时又兼做内应获取军事情报，进而获得在战场上难以取得的胜利。究其施计的具体特点，则是如下几点：其一，王佐断臂诈降金，断臂是真，但诡称为岳飞加害则是假；其二，到达金营后，见到兀术，呈其断臂是真，然诈称为此遇害，不得不避祸降金则是真中有假、假中有真；其三，兀术因王佐断臂而『博赏』于他，封为『苦人儿』之职，准其在军营中自由行动，这一切是真，而王佐因其真『苦』之血『肉』，诈称之因由收到了奇计之妙用；其四，兀术与陆文龙的义父义子关系，既是真来又是假，即真中有假、虚中有实。而王佐揭其陆文龙的本来身世，呈其实情，则是真。又以其真，戳穿其假，从而达到策反陆文龙的政治目的。进而为宋军获取与传递重要军事情报，避免了重大的损失与伤亡。同时，王佐在完成自己的政治使命和任务后，则得以与陆文龙、奶娘一起，胜利返归宋营。可见，在施用『苦肉计』策略时，王佐先是以真伪假情，『博赏』于金军主帅兀术。次则真情真事，呈示给陆文龙，以揭其假义父、假义子的『伪情』。在『博』的手法上，前者是以假『博』真（信赖），后者则是用真（情）揭假（义）『博』真（反正），足见其政治手法技巧之多样化与艺术化。

雪地长跪，忍辱待机

在古代社会，人们往往把代表最高权力的皇帝和国王比作太阳，在中世纪的欧洲，人们却说皇帝、国王只不过是月亮，在他们之上还有一个更高的权威，那就是教皇，只有教皇才配称为太阳。教皇是基督教会的首脑。教会本来只是管理宗教事务的团体，但在中世纪的欧洲，由于各个王国内封建主割据林立，连年混战，造成王权衰弱，局势混乱，这时只有罗马教皇可以统一指挥各国、各区的教会，加上各民族又都信仰基督教，因此教会在群众中影响很大，这就使得罗马教廷成了凌驾于各国之上的政治实体，教皇成了各国国王的共同的太上皇；国王登位、加冕要由教皇来主持；和国王同行时，教皇骑马，国王只能步行；接见的时候，教皇坐着，国王要屈膝敬礼。国王的权力来自教皇，神权高于王权。不仅如此，教会还在各个国家拥有1/3的土地，并且向各国居民收取『什一税』（每人收入的1/10交教会）。文学、艺术、哲学、法律等都必须为教会和神学服务。一个人从出生、成年、结婚一直到老死，处处都要受教会的管理和控制，教会拥有自己的监狱和刑法，还用『开除出教』的办法来对付一切反抗者，一个人如果被开除了教籍，他的一切社会地位和社会关系也就失掉了。这是一种最令人害怕的惩罚，连国王、皇帝也不例外。

1076年，德意志神圣罗马帝国皇帝亨利与教皇格里高利争权夺利，双方之争日益激烈，发展到了势不两立的地步：亨利想摆脱罗马教廷的控制，获得更多的独立性；教皇则想加强控制，把亨利所有的自主权都剥夺殆尽。在矛盾激化的关头，亨利首先发难，召集德国境内各教区的主教召开了一个宗教会议，宣布废除格里高利的教皇职位；而格里高利则针锋相对，在罗马的拉特兰诺宫召开了一个全基督教会的会议，宣布驱逐亨利出教，不仅要德国人反对亨利，也在其他国家掀起了反亨利的浪潮。教皇的号召力非常之大，一时间德国内外反亨利力量声势震天，特别是德国境内的大大小小的封建主都兴兵造反，向亨利的王位发起了挑战。

亨利面对危局，被迫妥协，于1077年1月身穿破衣，只带着两个随从，骑着毛驴，冒着严寒翻山越岭，千里迢迢前往罗马，向教皇请罪忏悔。但格里高利故意不予理睬，在亨利到达之前躲到了远离罗马的卡诺莎行宫。亨利没有办法，只好又前往卡诺莎去拜见格里高利。到了卡诺莎后，教皇紧闭城堡大门，不让亨利进入。为了保住皇帝宝座，亨利忍辱跪在城堡前求饶。当时大雪纷纷，天寒地冻，身为帝王之尊的亨利屈膝脱帽，一直在雪地上跪了三天三夜，教皇才开门相迎，饶恕了他。这就是历史上著名的『卡诺莎之行』。亨利恢复了教籍，保住帝位返回德国后，集中精力整治内部，然后派兵把一个个封建主各个击破，并剥夺了他们的爵位和封号。曾一度危及他王位的内部反抗势力逐一消灭。在阵脚稳固之后，他立即发兵进攻罗马，以报跪求之辱。在亨利的强兵面前，格里高利弃城逃跑，最后客死他乡。

显然，亨利的『卡诺莎之行』是别有用心的。在他与教皇对峙，国内外反对声一片，特别是内部群雄并起，王位岌岌可危的情况下，他想利用苦肉计取得和解，赢得喘息时间，以便重整旗鼓，东山再起，再和教皇较量。结果，他成功了。

第三十五计　连环计

一箭五雕，计行连环

子贡是孔子的学生，在常人眼里不过是一介书生，但因心中有纵横之计而名扬天下。

这一天，孔子正在讲学，一个弟子慌慌张张地跑了进来：『先生，不好了，不好了！齐国的田常要出兵打鲁国了！』

孔子一听顿时出了一身冷汗：『我的祖坟全在鲁国，你们可要出来管一管呀！』

这时，子路站了起来：『先生，让我去吧，我会让他们收兵的。』

『你，你不行啊！』

子石说：『先生，那就让我去吧。』

『你也不行，我看还是子贡去吧。』孔子点了子贡的将。

于是，子贡坐着马车前往齐国，见到了田常便说：『将军要打鲁国，那绝对是错误的。』

『你说错在什么地方？』田常问。

『你看它的城墙又破又低，它的土地又小又穷，它的国君又蠢又笨还不仁义，它那一帮大臣也都是没用的东西，它的士兵和老百姓也都不乐意打仗，就凭这些你也不能和他们打呀！』

田常看着子贡，越听越不明白，只好耐着性子听他说下去。

『你不如去打吴国，吴国的城墙又高又厚，土地宽广肥沃，兵甲坚固，士兵都是经过专门训练的，这些都是吴国容易被攻克的原因。』

田常听了大怒：『你这是什么混账道理，这就是你想告诉我的吗？』

子贡说：『你不要生气，你听我说，打鲁国是好取胜，可是取胜之后，必然要使国君骄傲起来，君臣也就会更加放肆，这样一来齐国就危险了。如果去打吴国不能取胜，士兵和将官死在外边，国内没有强臣做你的对手了，下边也没有人指责你的过错，治理齐国也就只有你了！』

田常一听连连点头：『可是我已经把兵派到鲁国去了，再叫他们去吴国已经来不及了。』

『这个好办啊，我去见吴王，叫他们出兵救鲁伐齐，你那时再出兵战吴国。』

子贡又匆匆跑到了吴国，一见到吴王，他就振振有词地说道：『我听说，做国君的不能没有后代，称霸业不能有强大的对手，如今齐国要占领鲁国与吴国争霸了，我私下里为大王担心啊！如果解救了鲁国，就等于困住了齐国。』

吴国想了想说：『这样好是好，可是我正准备打越国，还是等我打完了越国再说吧！』

『这就是大王的不对了，越国的强大不如齐国，大王进攻小小的越国，而不敢进攻齐国，这可不算勇敢啊！再说了，如果解救了鲁国，别的国家都知道大王的实力，便会竞相归顺，大王的霸业也就成了，如果大王不愿放过越国，我可以去劝越王随大王一块儿出兵。』

吴王一听十分高兴，就叫子贡去越国当说客。

子贡到了越国，越王勾践听说子贡来了，大老远地修了一条路，并跑到郊外来迎接他，亲自驾车接到了宫中。子贡说：『吴国现在正要和齐国打仗，如果它战胜了齐国，必然要进攻晋国，这时大王就可以趁机进攻吴国了。』

越王听了子贡的话，连连称是，并送了许多黄金给子贡，子贡全都谢绝了。

子贡回到吴国，向吴王说：『我已经把大王的话告诉了越国，越王十分恐惧，他说吴王的功德，他到死也不敢忘记，哪里还敢图谋不轨啊！』

吴王听了子贡的话，哈哈大笑起来。

于是，吴王率领九郡的兵力去进攻齐国。

这时子贡又赶到了晋国，对晋国国君说：『如今吴国就要与齐国打仗了，如果吴国打败了齐国，吴国必将兵临晋国。』

晋国国君大惊，问道：『那我们应当怎么办呢？』

子贡说：『没有别的办法，修造武器，休养兵士，做好与吴国打仗的准备！』

吴国的军队在艾陵与齐国军队展开了大战，齐军大败，吴军一连活捉了齐军七员大将，并一鼓作气攻到了晋国。

吴晋两国军队在黄池相遇了，吴王因打了胜仗并不把晋军放在眼里。而晋军因听从了子贡的劝告，早已做好了战斗准备。两军一阵厮杀，晋军越战越勇，吴军吃了败仗。

越王听到吴军被打败的消息，马上带领部队渡江进攻吴国。

吴王听说越王进攻到了吴国，破口大骂起来：『勾践这个无耻小人，看我这次非杀了他不可！』吴王率残部急急返回吴国。在五湖正遇上进犯的越军，一连三战，吴军越打越无力，而越军越战越强，一直杀进了王宫，吴王夫差被杀死在宫中。

灭亡吴国之后，越国开始在东方称霸。

子贡一次出使，本意在保全鲁国，却由此引起一串连锁的反应。鲁国平安无事，齐国却遭战乱之苦，吴国彻底灭亡了，晋国成了战胜国，日益强大起来，越国从亡国中再次崛起，成为霸主。子贡一番连环计，可谓前无古人：一番巧舌如簧，十年之中，五个国家各有千秋，出现了命运大回转。

田单连环，计复城失

即墨保卫战，发生在公元前279年，齐将田单以火牛阵大败燕军，收复被燕军占领的七十余城。

公元前284年，燕国大将乐毅挂帅，统率燕、秦、韩、赵、魏五国之兵大举伐齐，所向披靡，连克七十余城。齐国只剩下莒（今山东莒县）、即墨（今山东平度东南）两城，未被攻下，危在旦夕。时齐湣王被杀，齐臣王孙贾等立其子法章（齐襄王）为王，号召民众起来抵抗。乐毅攻莒和即墨一年未克，改用攻心战，命燕军撤到距两城九里处设营筑垒，并下令『对出城的居民不予拘捕，允许恢复旧业得以安民，对有困难的居民，还加以赈济』等。由此形成了相持局面。

即墨为齐国较大的城邑，地处富庶的胶东，近山靠海，物资丰富，有坚固的城池和一定的人力用于防守。即墨的军民在守将战死之后，共推田单为将。田单是齐王室的支系亲族，早先在国都临淄（今山东临淄市东）的市场管理机构中任一般官吏，有卓越的军事才能，但并不为人所知。田单为将后，为了挽救危机，即着手将城中军民重新组编，将所带的新兵及收容的七千余人加以整顿和扩充，加强了防守力量，将自己的妻妾和家人也都编入部队参加守城；田单自己与守城军民共甘苦，同生活，同战斗，并经常针对士卒重视祖先，热爱乡里的心理特点，鼓舞士气，动员群众，他说：『如即墨失守，齐国灭亡，宗庙被毁，祖宗的灵魂将无处安身，自己的灵魂也将无处可归。』（《战国策·齐策》）以此来激励士卒的战斗情绪，而深得人心。就这样即墨与莒两城硬是在燕军的包围圈中，熬过了三个年头。

燕军统帅乐毅采用政治攻心战，田单深为忧虑，害怕发展下去，必将动摇人心。公元前279年，十分信任乐毅的燕昭王去世，其子立，即燕惠王继位，惠王还是太子的时候，就对乐毅有成见，田单了解这一情况，认为有隙可乘，遂针对燕惠王对乐毅不满和不信任的心理，派间谍去燕都散布谣言说：『齐王已死，燕军不能攻占齐国的最后两座城堡，是什么原因呢？就是因乐毅与燕国的新王有矛盾，他怕自己遭诛而不敢回燕国，以攻齐为名，控制住军队想当齐王。现在齐国的百姓还没有都归顺他，所以乐毅故意慢慢地攻打即墨，以待时机称王。齐国人现在已经不怕乐毅；最害怕是燕国又换其他将领来。』燕王本就与乐毅有隙，又见乐毅三年没有攻下即墨和莒，早就怀疑乐毅另有图谋，一听到人们传来的这些流言，便信以为真，派骑劫为帅去代替乐毅，并召乐毅回国。乐毅明白燕王的用心，自知回国难免有杀身之祸，便投奔了赵国。燕军不但失去了一位多谋善战，富有将才的统帅，重要的是全军将士都为乐毅气愤不平，造成了燕军的军心涣散。

这就为即墨保卫战的胜利提供了有利的条件。

骑劫上任，不管三七二十一就指挥燕军强攻莒和即墨，仍然不能得手。田单知道骑劫有勇无谋，但即墨被围年久，城内军民人心未定，还不具备反攻条件，于是采取了一系列措施，来激发齐国军民的斗志。

（1）假以『神命』号召军民。田单为了团结内部，统一行动，进一步针对士卒迷信思想浓厚，敬畏鬼神的心理，他利用城中人祭祀先祖时，飞鸟都飞来取食，散布说这是神来教导传授神的旨意。暗令一名机敏士卒假冒『神师』，每次下达命令都宣称出自『天神之命』，使全城军民都统一在『神师』号召之下。

（2）假手燕军来激发齐军民的斗志。田单针对燕军统帅骑劫粗暴无知，而又急于求胜的心理，他派人扬言：『我们别的都不怕，只怕燕军俘虏我们的士卒割去他们的鼻子，把他们放在队伍前面，来和我们作战，即墨人看了就害怕，即墨就再也不能守了。』骑劫强攻即墨与莒不下，正想采用恐怖手段来打击齐军的士气，苦于没有什么好的办法，他一听到齐人散布的这个消息，便非常高兴，立即命令部下将投降过来的齐军士卒的鼻子全部割掉，又将这些降卒排列在阵前让即墨守军观看。即墨城中的军民看到燕军如此残酷地对待俘虏，人人愤怒不已，坚定了固守城池的决心。

（3）怂恿燕军挖坟，进一步激发军民的仇恨。田单又令间谍散布说：『我们别的不怕，就担心燕军挖我们祖先的坟墓，毁坏我们祖先的尸首，这样即墨城里人就会很寒心，很悲恸，无心守城。』骑劫闻讯，觉得这办法妙不可言，更可以震撼齐人，动摇他们的信心，便又令『燕军尽掘齐人的祖坟，焚尸烧骨』。城中齐人从城头上远远望见燕军这种丧尽天良的暴行，无不痛心疾首，号啕大哭，全体军民愤怒万分，人人义愤填膺，一致要求要与燕军决一死战。

（4）示弱佯降，进一步麻痹燕军。田单认为这时齐军民的心理状态，正是用以杀敌的最佳时机。遂一方面积极进行一系列反击战的准备工作；另一方面为了更好地麻痹敌人，隐蔽自己的企图，出其不意，攻其不备，以收最佳效果。田单命令强壮士卒隐蔽城内，而由老弱、妇女轮流登城守备，使燕军以为城中齐军已损伤殆尽了，不得不用老弱妇女来守城。又派使者见骑劫，表明齐军食尽再无力量守城，将于某日投降；并派人从民间收集黄金千镒，令即墨富豪悄悄地赠送给燕军将领，『嘱以城下之时，求保全家小』。燕将大喜，受其金，『各付小旗使插于门上，以为记认』。（《东周列国志》第95回）这样使骑劫认为自己的威慑手段生效，更加骄傲轻敌，完全放弃了警惕，坐待齐军投降。

就在骑劫扬扬得意，燕军翘首等待齐军出降之际，齐军正在加紧进行临战前的一切准备，田单命令部队尽收全城黄牛共千余头，披上绘有五彩龙纹的外衣，在牛角上绑上锋利的尖刀，尾部上扎着浸透油脂的芦苇，拖后如巨帚，预约降前一日，安排停当。众人皆不解其意。出战之日田单椎牛具酒，候至日落黄昏，召集已选拔的五千余名精壮士卒，在城根部挖好几十个洞穴，将牛伏于穴内待机出击；士卒饱食，以五色涂面，各执利器，跟随牛后。在统一号令下，点烧牛尾芦苇，火势渐迫牛尾，牛疼痛不已，从洞穴中狂奔而出，直扑燕军营垒，形成一个有一定正面和纵深的火牛阵，以排山倒海之势冲向燕军；五千余名精壮勇士紧追牛后冲杀；全城的军民都敲打着铜器呐喊助威，声势震天动地。燕军正高兴来日受降入城，皆安寝。正在熟睡中，突然被震耳欲聋的声响惊醒，看到一团团帚炬千余，光明照耀，如同白日，望之皆龙纹五彩的怪物突奔前来，角刃所触，无不死伤，军中大乱。那一伙壮卒似天神，不言不语，大刀阔斧，逢人便杀，遇敌即砍，虽只五千人，慌乱之中，恰像数万。向来燕军听说有『神师』下凡，今日神头鬼脸，更信以为真，不禁张皇失措，纷纷夺路逃跑。慌乱中的燕军，互相践踏，燕军彻底溃败，兵死将亡，遍地皆尸，骑劫也在混乱中被田单杀死。田单见奇袭得手，便纵军乘胜追击，燕军兵败如山倒，一发而不可收，原所占齐国七十余城，悉被齐军收复。

第三十六计　走为上

重耳避祸，游历诸国

春秋时，晋献公得到新宠骊姬姐妹，姐妹各生一子，这样就涉及继承人为谁的问题。晋献公有八个儿子，其所谓贵生者有五个，即长子申生，次子重耳，三子夷吾，以及骊姬姐妹生的奚齐、悼子。

献公在未得到骊姬时，就将长子申生立为太子，成为法定的继承人。在母以子贵、妻以夫荣的古代，妇女所依托的就是子与夫。现在献公年老，在世时间无多，而骊姬正年轻，所寄希望的当然是在己生之子奚齐身上。然而，奚齐为公子，终不能继承公位，一旦献公撒手而去，奚齐所得甚少，骊姬也难得显贵，其害太子而谋己子继承，也自然就付诸行动。

在骊姬姐妹的怂恿下，献公有了废太子之心。在当时太子为国之本，无故废太子是要受到多方面的责难和制约的，献公也不能马上决定，故此采用如下步骤：

首先，献公建立上下二军，自己将上军，让申生将下军，明为重用，实欲寻找申生的过失，以便废之有名。这一点为大夫看出，对别人说：『太子不得立矣。君主改其制，而不让太子公患难；轻视太子所任，而不考虑太子的危险。君主有疑心，太子怎能久在其位？』于是他为申生出了一计：『与其勤而不入，不如逃之。』就是走为上。申生对父亲抱定愚忠，不肯离去，结果『谗言弥兴』，处境危险。

其次，献公让太子帅师，赐予他自己所穿的衣服，佩以金印，按照君主的待遇出征。这样做看似推崇，实是欲加罪于他。当时大夫狐突认为：『君有心矣。』梁余子养认为：『死而不孝，不如逃之。』当然，申生是不能接受这种建议的，而是采取『修己而不责人，则免于难』的对策，暂时度过这次危机。

最后，献公命太子去曲沃，重耳去蒲城，夷吾去屈邑，奚齐去绛地，分别驻守在外，在表面上看是一视同仁，实际上是在疏远太子，以便寻找其过失。当时仆人赞说：『太子殆哉！君赐之奇，奇生怪，怪生无常，无常不立。』更何况君主『恶其心，必内险之；害其身，必外危之。危自中起，难哉！』

经过如上步骤，献公认为可以废掉太子，另立骊姬之奚齐，并将此想法告诉骊姬，希望骊姬高兴。不想骊姬听而泣下说：『太子之立，诸侯皆已知之，而数将兵，百姓附之，奈何以贱妾之故废嫡立庶？君必行之，妾自杀也。』献公讨个没趣，却因此对骊姬更加信任。

其实骊姬何尝不想让自己的儿子当继承人？只不过她的手法比献公更高明一些，采用的是『佯誉太子，而阴令人谮恶太子』的策略。

公元前656年，骊姬对太子申生说：『君梦见齐姜（申生生母），太子速祭曲沃，归釐（祭品）于君。』申生怎敢违背后母之命，便赶到曲沃祭祀，将所祭的肉类贡献给父亲。是时献公出猎未归，祭品放了两日，使骊姬得以从容下毒。献公回来，看见儿子送来的祭品，便欲食之，骊姬急忙拦阻说：『胙所从来远，宜试之。』便将酒泼于地上，地上马上隆起；将肉喂犬，犬即刻便死；与在旁的小臣食，小臣也死。这时骊姬便哭泣道：『太子何忍也！其父而欲弑代之，况他人乎？且君老矣，但暮之人，曾不能待而欲弑之！太子所以然者，不过以妾及奚齐之故。妾愿子母辟之他国，若早自杀，毋使母子为太子所鱼肉也。』凄凄切切，早使献公心疼不已，杀太子之意也就由此而生。

骊姬所言，有人告之申生，申生登时不知所措，急忙逃回自己驻守的曲沃城。急来一走，实不是上计，故当时有人对申生说：『为此药者乃骊姬也，太子何不自辞明之。』申生辩白说是不想招父怒，故而出走。人劝说道：『既然要走，可奔他国。』申生想了一阵，实在难有出路，便说：『被此恶名以出，人谁内我？我自杀耳。』竟自杀以报生父。

正在此时，重耳和夷吾来朝。这二人现在是奚齐继位的竞争对手，骊姬当然不能放过，便在献公面前谮害二人。二人听到风声，连父亲也不见，急忙出走，各回自己的驻守地，严兵自守。

以一封地之力对抗一国之力，当然是难以抵挡，不得不自谋生路。当献公之兵临薄地之时，重耳逾垣而走，逃往翟国，而后游历各国，在秦国的支持下回国嗣位，是为晋文公。献公之兵压向屈邑时，夷吾凭借坚城，顽强抵抗，坚持一年而溃，最后逃往梁国；献公死后，国内大乱，奚齐、悼子先后被杀，夷吾在秦穆公发兵护送下回国即位，是为晋惠公。

审时度势，急流勇退

身怀匡扶社稷的才智，具有极高的军事、政治才干的人，自古并不多见。吴国的杰出军事家孙武就是这样的。但他更为人称道的不是他的赫赫功业，而是他知道忍受权力的引诱，善忍苟禄之心，急流勇退的品质。

孙武不仅是位杰出的军事家，还是位伟大的思想家。他面对风起云涌、危机四伏的政坛能够审时度势，在功成名就之时，急流勇退，善始善终，留得一世清名。

孙武，原是齐国人，田姓。其祖父是齐国的大夫，在战争中立过大功，孙姓是齐景公为表彰他的战功而赐予的。后来，由于田氏家庭与其他家庭之间发生争斗，结下仇怨，孙武为了避难，来到了吴国。

孙武少年时代就勤奋好学，特别喜欢听别人讲故事，故事的内容大多是关于战争的。孙武所处的年代，正是中国古代社会最动乱的时候，战事频仍，难得有太平盛世，所以，很多事情都与战争有关联。孙武听故事，不是为了满足好奇心，每次听故事都要寻根问底，得知究竟，然后还要细心品味。从故事中找出失败和胜利的原因。久而久之，他发觉故事里有许多精妙之处，在许多战例中，胜利和失败都有其共同点。于是他将这些体会用刀子刻到木板上记录下来，然后再根据故事中描述的情节，在兽皮上绘制成图，并做上标记。

孙武少年时代勤奋好学，刻苦钻研，为以后成为杰出的军事家奠定了基础。

孙武来到吴国以后，一面带领人垦荒种田，发展农业生产，一面继续潜心研究军事战争。

在刀光剑影、危机四伏的政治斗争中，孙武能够在成就一番事业后，做到急流勇退，明哲保身，与他看透官场黑暗和不求功禄是分不开的。孙武几十年如一日，不辞艰辛劳苦地苦心钻研军事，完全是因为对此产生了浓厚的兴趣，欲罢不能，并非为了高官厚禄，耀祖光宗。孙武最大的愿望，就是能够在田园中安静地度过一生。

公元前522年，楚国大臣伍子胥迫于楚平王的追杀逃亡到吴国，投奔了吴王僚，后来被吴王僚的堂兄公子光收为心腹。公子光因为属于他的王位被吴王僚所得，早已怨恨在心，一直预谋伺机夺回王位。伍子胥投奔吴王僚后，公子光发现伍子胥有过人的才智，大喜过望。但是，要想完成夺取王位这样的大事，仅有伍子胥是不够的，于是，公子光派伍子胥四处访贤，寻找人才。

伍子胥受命后，不辞辛苦地到处奔波，几乎走遍了吴国的大城小镇。刺杀吴王僚的勇士专诸，就是伍子胥在吴国的边境地区，一个叫作堂邑的小镇发现的。

孙武隐居在吴国，伍子胥对此已有耳闻，早就有去拜见的想法，又觉得像孙武这样的奇才大略之人，绝不是轻而易举就可以结交的，草率前去拜访，未免有些唐突，反而坏事，所以一直在寻找适当的机会。现在，自己的地位巩固了，而且有一定的声望，于是伍子胥决定前去拜见孙武。

伍子胥和孙武见面后，以十分诚恳的态度和孙武交谈。伍子胥一向富于心计，所以在谈话中，尽量避开一些敏感的问题，只是以仰慕的口吻，向孙武讨教一些问题。

伍子胥说：『我早已听过先生大名，十分敬慕，先生的才华和出身的高贵，更是我所不及的。以先生的学问和过人的韬略，用来治国必然能使小国变大，弱国变强。而先生隐居在这荒野田园，实在是埋没了盖世奇才啊！』孙武听到伍子胥的赞誉后说：『您的说法真是过奖了，实在担当不起，想我一个山野农夫，能有什么奇才呢？不过是会开荒种田而已。』

过了一段时间，伍子胥再次拜访了孙武。因为有了前次的基础，谈话有了新的内容，彼此也消除了顾忌，所以越谈越投机。孙武起身将伍子胥让到了内室，谈话继续进行。伍子胥说：『我听说先生研究兵法，已经很久了，能否给予指教呢？』孙武谦逊地说：『我不过为了减少些田野生活的寂寞，看一看先人打仗的故事，哪里能谈得上研究呢？你过奖了。』伍子胥见孙武有意推辞，并不着急，继续以更诚恳的态度说：『我身怀大仇，亡命吴国，不知道未来是什么样呢。只是生就愿意结交天下豪杰，愿意听从贤士指教，先生能否满足我呢？』孙武见伍子胥确是以诚相待，如果再推辞，就过意不去了，于是和伍子胥谈了自己多年来研究军事战争的心得体会，并列举了许多战例，严密细致地剖析了成败原因。

通过这次交谈，伍子胥越发感到，要想使吴国强盛起来，父兄之仇得以雪恨，非孙武不能。

在伍子胥的精诚感动下，孙武这位有着盖世奇才的军事家，终于走出山野田园，步入政坛，到吴国做了吴王的军师。

经过几年的精心治理，吴国在各方面都有了很大改观。吴王阖闾看到吴国现在兵多将广，人才济济，部队军纪严明，士气高昂，百姓丰衣足食，国库储备丰厚，认为已经具备了伐楚的条件，于是便召集群臣，说了自己的想法，征求大臣们的意见。伍子胥和其他大臣都认为，以现在吴国的军力、物力的强盛，兴兵伐楚，必能一举成功，大获全胜。

群情激昂，摩拳擦掌，仿佛胜利在望。只有孙武沉思不语，静坐一旁。

阖闾见状问道：『将军以为如何呢？』孙武起身答道：『大王和诸位所谈，固然不错，以吴国现在的实力看，是可以伐楚，但要取得战争的胜利，还要做到知己知彼。吴国虽然具备一定的实力，但还不足以攻必克，战必胜。楚国自从杀了奸臣费无忌以后，民心安定，又连年粮食丰收，储备也一定很充足。楚国的军队也有着很强的战斗力。』孙武精透地分析了吴楚双方的国情、民情、军情，最后说：『要想做到出师必胜，绝不能仅靠士气和勇猛，以及实战时的运气，必须在战术上有必胜把握。』

孙武以吴楚彼此的实际情况为出发点的精辟透彻的分析，使阖闾和众臣都深感佩服。

孙武说：『我以为现在最重要的是设计使楚国的群臣之间发生矛盾，相互猜疑。坚固的堡垒，在内部容易攻破，进而使楚国发生内乱。另外，也可以派一部分军队，到楚国的边境地区，打一些小的战役。这样做一是使楚国受到骚扰，同时也可以向其他诸侯显示吴国的力量。』

公元前506年，吴楚两国爆发了一场大的战争，在这场战争中，孙武非凡的军事才能得到了充分发挥。孙武针对楚国的情况，以及吴国的实力，制订出一套切实可行的作战计划。在粮草的准备和调兵遣将上，都做了精心的安排。

楚国得知消息后，也做了充分的准备。楚王命沈尹戌全面分析了吴楚两国军队的情况，并预测开战后，可能出现的各种局面，在全面分析预测的基础上，拟定了克敌制胜的策略。

沈尹戌命手下大将囊瓦，率兵守汉水南面，主要控制战船，防止吴军偷袭。自己率精兵两万，绕道吴军的后方，烧毁吴军战船，然后乘乱袭击吴军。战斗开始后，囊瓦迅速过江从正面向吴军发起进攻，这样一来，吴军就处于左右受乱，背水一战的不利境地。

沈尹戌根据己方所处的地势，所采用的这种战术，可以说是制胜良策，如能实施，必能大败吴军。然而，孙武早已料定沈尹戌会这样做，就将计就计，等囊瓦发现已太晚了。在吴军的两面严击下，楚军实在难以抵挡，死伤无数。楚军大败，吴军获得全胜。

十几年的戎马生涯，孙武为吴国的兴旺强盛做出了重大贡献，尤其在伐楚的战争中，更是功高盖世，战争结束后，吴王阖闾大宴君臣，论功行赏，封官晋爵。阖闾征求众臣意见，谁的功劳最大，众臣一致认为首功非孙武莫属。众臣们的推举正合吴王心愿，所有受赏的将臣中，孙武的赏赐是最丰厚的。

然而，出乎吴王阖闾的预料，孙武对吴王给自己的封赏坚决不受，而后又提出辞呈要告老还乡，解甲归田。对此，众人都大惑不解。

功成名就，厚禄高官，不但能够耀祖光宗，还有享不尽的荣华富贵。这是许许多多人的毕生追求，孙武却将这些看得十分淡漠。那么，孙武所追求的是什么呢？在给吴王阖闾的辞呈中，他说道：『臣本是乡野之人，承蒙大王厚爱，深感荣幸。吴国的强盛，征战的业绩，我只是尽了一点作为臣子应尽的义务，高官厚禄，实在不敢领受，这些战功、政绩的取得，都是大王的功德！如今，我年事已高，要做的事情往往心有余而力不足，继续留在大王身边，恐怕误了大事。请求大王恩准，让我回归田园，过清静平淡的生活。』

经过十几年的朝夕相处，孙武的为人和不贪功不争名的高贵品质，使阖闾十分敬佩。现在江山坐定，万象升平，阖闾实在不愿孙武此时离开，于是，派伍子胥前去劝说挽留。怎奈孙武去意坚决，任凭伍子胥劝言说尽，终不能使孙武回心转意。孙武说：『你知道我对功名官禄看得很淡，当初是您的诚意和友情感动了我，才来协助大王成就业绩，如今，这些都已经实现了，我又年老体衰，请替我在大王面前请罪，我将永远记住你的恩情。』

一代英豪，能够在功成名就后不为官禄所动，真是难能可贵。孙武除了对功名毫无追求，还有其他原因。十几年的官场生涯，使他看清了黑暗之处，政治斗争的阴险狡诈，血腥暴虐，明争暗斗，尔虞我诈；为了权欲，采用的手段，无所不用其极，手段的残忍，心肠的狠毒，更是骇人听闻；军事战争的大肆屠杀，连年战乱给天下百姓造成的灾难，这些无不使孙武思之难寐，想之痛心。

忍住权力的诱惑，急流勇退，留得一世清名，可以说是孙武的又一过人之处。

逃宴鸿门，『走』出天下

秦朝末年，全国各地出现了许多支起义军，经过几年的战争，最后形成刘邦、项羽两支大军。事先他们曾经约定：首先攻入关中，打下秦都咸阳的为王。公元206年阴历十月（实为年初），刘邦首先攻入咸阳。按理说他可以称王，统一全国。但他惧怕项羽的四十万大军，把自己的十万军队从咸阳撤出，退回到霸上（今陕西西安市东）。

刘邦进关不久，项羽大军也随后来到。项羽听说刘邦已定关中，十分恼怒，立即命令将军黥布等攻打函谷关（今河南灵宝东北），不到一天就攻进关中，进驻离霸上只有几十里远的新丰鸿门（今陕西临潼东北）。这时，项羽忽闻有人求见，说是沛公（刘邦的尊称）的左司马曹无伤派人来，报告机密事项。项羽见了来人，这人说：『沛公想做关中王，用子婴为相，秦宫府中的一切珍宝都想据为己有。』项羽一听暴跳如雷，立即决定第二天清晨向刘邦发动进攻。

项羽的叔父项伯和刘邦的谋士张良是好友，怕张良出危险，就连夜乘马疾驰到霸上，把项羽决定进攻刘邦的消息告诉了张良，要张良跟他一起逃走。张良说：『当年我奉韩王成的命公护送过沛公，跟他有深厚的友情。现在沛公面临危险，我不辞而别，这太不够朋友了，我要去跟他说一声。』

张良找到刘邦把情况说了一遍。刘邦大吃一惊，问张良有什么办法。张良说：『我可以对项伯说说，请他转达您的意思，说您不敢有违项羽将军。』刘邦又向张良问了项伯的情况，提出要亲自见见项伯。张良就去邀请项伯，项伯进来拜见刘邦，刘邦立即设宴款待项伯，并在酒席间结为儿女亲家，刘邦对项伯说：『我进函谷关，一丝一毫的东西也不敢私自拿走，只是登记了官吏和百姓户口，查封了仓库，等待项羽将军来处置。我派将领把守函谷关，是为了防备其他势力打进来，或发生意外事变。我日夜盼望项羽将军到来，哪里敢反抗他呢？请您把我的话转告项羽将军，说我不敢背叛他的恩德。』项伯答应了刘邦的请求，并嘱咐刘邦第二天早晨到鸿门，当面向项羽去赔罪。

项伯连夜回到鸿门，把刘邦的话全部转告项羽，并替刘邦给项羽做工作，说：『沛公首先攻入关中立下了大功，你现在反要去打人家，这就输了理，也得不到诸侯王的拥护。我看不如跟他搞好关系，让他为我们出力。』项羽听了项伯的意见，就同意了。

第二天早晨，刘邦偕同张良带领樊哙、夏侯婴等一百多人马来到鸿门，拜见项羽，说：『我和将军合力攻秦，将军战斗在河北，我战斗在河南。我自己也没料到先进入函谷关，并在这里同将军再次相会。现在有坏人从中挑拨，使将军对我产生了误解。』项羽说：『我是听了你的左司马曹无伤的话，不然怎么会出现这种情况？』说完，就决定设宴招待刘邦。宴席开始前，项羽的谋士范增劝项羽在席间杀掉刘邦。

宴席开始，项伯、范增、张良都来陪同。饮酒中间，范增几次向项羽示意，要他下令动手，项羽都默不作声。范增又离席，找来项庄，让他在席间舞剑，寻机杀死刘邦。项伯见项庄舞剑，意在沛公，就起身拔剑与项庄对舞，使项庄无法下手。这时，气氛十分紧张。张良急忙到帐外，把情况告诉了樊哙，樊哙手持宝剑，身带盾牌，冲入宴席，当面指责项羽，对劳苦功高的刘邦未加封赏，还要谋杀。说这是秦朝腐败做法的继续，希望项羽将军不要效法。项羽无话可说，就请樊哙坐下饮酒。过了一会儿，刘邦借口说去上厕所，就急忙骑马不辞而逃回。他让樊哙等四将和随从人员跟在后面步行。让张良留下，并约定，待刘走出二十里，估计快回到宫中的时候，再由张良出面对项羽表示感谢。

张良估计时间差不多了，就回到了席上，拿出白璧一双献给项羽，又拿出玉斗一对送给范增，代表刘邦表示辞行，说：『沛公怕大王责怪，已经回营去了，让我把这两样东西顺便献上，以表示心意。』项羽收下玉璧，范增一听刘邦已逃，他的计划破灭了，气得把玉斗摔在地上，击得粉碎。

刘邦回到霸上，立刻杀死了曹无伤，并做了应变准备。由于张良在项羽这边处置得当，使矛盾得到了缓和。

在敌我斗争中，己方处于劣势，在无计破敌的情况下，『走』是上策。所谓『走』就是主动退却，保存实力，以待后图。刘邦赴鸿门宴就是这样，正确估计了双方力量对比，在项羽的强大压力下，一退再退，终于达到缓兵目的，成为后来建立帝业的重要转机。